L'écologie, un modèle de société ?

L'écologie, un modèle de société ?

Hélène Le Teno

Mentions légales

Éditeur : BoD-Books on Demand
12-14 rond-point des Champs-Élysées, 75008 Paris
Impression : Books on Demand, Norderstedt, Allemagne

ISBN : 978-2-3222-0475-5
Dépôt légal : Février 2020

SOMMAIRE

Introduction

Conclusion

Post-scriptum

INTRODUCTION

« Les civilisations meurent par suicide et non par assassinat. »
Alfred Joseph Toynbee, A Study of History

Il semblerait aujourd'hui qu'un nouveau modèle de société soit devenu nécessaire. L'écologie – si l'on parvient à en poser une définition partagée – peut-elle constituer un modèle désirable ? Si c'est le cas, comment une transition vers un nouveau modèle aux contours indécis pourrait-elle se produire ?

Bienvenue dans l'anthropocène

Si la marche de l'histoire illustre la transformation permanente de nos organisations sociales, ou du moins leur renouvellement régulier au fil des décennies ou des siècles, le plus souvent, des événements majeurs, internes ou externes, sont nécessaires pour conduire les hommes à refonder leur projet collectif, à transformer toutes les règles qui régissent la vie en communauté, l'activité économique, le système politique, etc. L'événement majeur qui devrait aujourd'hui nous inciter à mettre en place un changement profond de modèle de société est d'une ampleur sans précédent. En termes scientifiques, son nom est l'anthropocène, une ère toute récente à l'échelle des temps géologiques. Ce nom déjà employé par quelques chercheurs au cours du XXe siècle a été popularisé par le prix Nobel de chimie Paul Josef Crutzen, un Néerlandais. Dans un article paru en 2000 (Paul J. Crutzen et Eugene F. Stoermer, « The "Anthropocene" », Global Change, newsletter 41, 2000), celui-ci explique que l'anthropocène est caractérisé par la puissance gigantesque et exponentielle de transformation des écosystèmes par l'humanité. L'homme extrait des minerais, transforme et détruit les sols, pollue à une vitesse accélérée. Et il se multiplie.

Comment imaginer demain la vie de dix milliards d'individus sur une seule planète, dont les écosystèmes ont déjà été largement épuisés par l'activité humaine ? Il s'agit d'un vrai défi, qui, s'il est considéré de façon positive, conduit à dire que nous sommes entrés de plain-pied dans l'ère de la rareté, qu'il faut en prendre acte et transformer tous nos modèles pour permettre à tous de satisfaire leurs besoins primordiaux à l'avenir : se nourrir sainement, se loger, se déplacer, disposer de ressources énergétiques.

L'homme et sa maison la Terre

L'Homo sapiens n'est sans doute pas assez sage, et pas encore assez mûr, pour comprendre le lien fondamental entre ses activités et les écosystèmes au sein desquels celles-ci prennent place. La confusion existant dans le langage courant entre le terme « écologiste » – présenté par beaucoup comme un militant, défenseur acharné de la nature, idéologue, rebelle au progrès, adepte des solutions alternatives – et le mot « écologue » en témoigne.

L'écologue est celui qui se consacre à l'étude de systèmes vivants. Il examine de très près aussi bien qu'avec du recul le fonctionnement complexe de tous les systèmes vivants, leurs équilibres et leurs déséquilibres, leurs règles d'organisation. Curieusement, nous n'apprenons pas à l'école qu'une espèce vivante – les humains, par exemple – ne peut exister durablement dans son milieu que si elle recherche un certain équilibre avec les autres espèces présentes, et que si elle parvient à préserver le milieu même dans lequel elle s'affaire constamment et qui lui fournit nourriture, abri, satisfactions diverses.

L'écologie, du grec oïkos logos, correspond précisément à cela : la connaissance de notre « maison ». Elle invite à comprendre que prendre soin de la terre, c'est pouvoir ensuite prendre soin des hommes. Mais cette observation de bon sens ne nous donne pas pour autant les clés d'une « transition écologique » entre nos modèles actuels, non viables, et un nouveau modèle acceptable, satisfaisant pour tous, et durable.

Ces nouveaux modèles d'organisation sont à inventer, en équilibre avec la nature, et peut-être en s'inspirant des systèmes complexes qui y sont présents.

Focus - La permaculture

L'outil conceptuel assez récent qu'est la permaculture a été notamment développé par l'Australien David Holmgren. Il s'agit de concevoir des systèmes de permanent agriculture en s'inspirant du fonctionnement des systèmes présents dans la nature.

Ces nouveaux modèles se déploient principalement dans l'agriculture : fermes agroécologiques comme celle du Bec-Hellouin en Normandie, qui produisent beaucoup plus par hectare cultivé que les fermes classiques, en travaillant avec le vivant plutôt qu'en « exploitant » puis en réduisant à néant le capital naturel ; mais aujourd'hui, la permaculture dépasse la seule application agricole. Elle vise à concevoir des écosystèmes humains équilibrés ; en d'autres termes, des systèmes capables de produire de la richesse tout en prenant soin du capital naturel et humain, et en partageant équitablement les richesses créées.

La permaculture peut être étendue à la conception de nouvelles organisations productives dans d'autres secteurs économiques, pour réinventer nos entreprises face au défi que pose la transition écologique. C'est, en France, ce que promeut le réseau Groupement économique sanitaire électricité chauffage (GESEC), qui regroupe 350 entreprises indépendantes et qui a défini son nouveau schéma de gouvernance et ses objectifs opérationnels à partir d'un projet de permaculture appliqué à ses activités économiques.

Pour en savoir plus, on peut se référer aux ouvrages de David Holmgren ; aux ouvrages de Charles et Perrine Hervé-Gruyer au site internet Permaculture principles. (https://permacultureprinciples.com/fr/)

La transition écologique, entre interrogations et pistes à explorer

Avoir identifié des solutions, conçu et testé de nouveaux modèles productifs ne suffit évidemment pas à fonder un nouveau modèle de société. Des transformations sociologiques, culturelles, politiques et économiques s'opèrent en parallèle, se croisent et s'opposent parfois violemment.

Le changement vers une société écologique pose un certain nombre de questions : y a-t-il un pilote pour nous y conduire, des leaders d'opinion, des acteurs pionniers ? Quels sont les germes d'une société écologique et comment peuvent-ils se répandre ? Quels sont les freins à sa réalisation : échecs ou impasses avérés entraînant un rejet du nouveau modèle, verrouillage des organisations ? Les champs culturel et économique précèdent-ils le politique ? Qui financera le coût de la transition écologique ? Comment faciliter cette transition ?

Ces interrogations donnent en creux les quatre clés permettant de rendre possible une transition écologique :

– reconstituer le capital social, puis refonder le contrat social, pour forger ensemble un nouveau modèle ;

– réinventer les organisations en déployant un capitalisme d'intérêt général ;

– révolutionner la comptabilité des entreprises et des États en y faisant figurer directement le capital naturel et social ;

– influencer les décisions et les comportements grâce à de nouveaux moyens, adaptés à la taille de ce défi : donner une chance à l'humanité tout entière de préserver sa maison, plutôt que de céder par facilité à la tentation de la ruine.

Ce livre ne prétend pas fournir tous les ingrédients de la transition vers une société écologique. Il n'affirme pas non plus qu'une société écologique, voulue et conçue par les humains, est de facto possible – pour l'Homo sapiens tel qu'on le connaît aujourd'hui du moins. Il s'attache simplement à présenter différents éclairages autour de la question posée dans son titre. En premier lieu, il livre une brève analyse historique des logiques de conquête qui ont conduit, aux XIXe et XXe siècles, à accroître notre pression et notre impact sur la planète, et au développement de sociétés toujours plus antiécologiques. Un questionnement sur la rationalité de l'individu, ses motivations et ses comportements prolonge la réflexion. Une analyse des dynamiques possibles de transition écologique permet de sortir du schéma classique selon lequel des temps de conflits majeurs sont suivis de périodes de reconstruction et de reconquête. Est ensuite envisagée la mutation de l'entreprise en tant qu'élément unitaire d'un éventuel nouveau système économique orienté vers un capitalisme d'intérêt général, afin de structurer des activités et des emplois viables dans une société écologique. Enfin, c'est la question politique qui est abordée : pourquoi et comment la société écologique pourrait-elle devenir demain le point central, sinon le seul, du nouvel agenda politique ?

1. L'histoire de l'écologie ou l'histoire contre l'écologie

L'écologie a été définie par le biologiste allemand Ernst Haeckel en 1866 comme « la science des relations des organismes avec le monde environnant, c'est-à-dire, dans un sens large, la science des conditions d'existence ». Au fil des siècles, l'humanité a-t-elle progressé dans la connaissance de sa « maison » et des conditions qui permettent la vie ? Avons-nous appris à mieux habiter la terre ? Rien n'est moins sûr, comme le montrent ces quelques éclairages jetés sur le chemin parcouru par nos ancêtres.

La nature, notre maison commune ?

L'art pariétal fait partie des plus anciens éléments dont nous disposons pour imaginer – à défaut d'avoir des certitudes à ce sujet – quelle était la relation de l'homme avec son milieu à la fin du paléolithique, il y a environ 15 000 ans. L'étude de la grotte de Lascaux et d'autres sites permet de brosser la vie de ces hommes : chasse dans des conditions extrêmes, températures hivernales négatives sans abri décent ni protection, soumission totale à la loi de la nature et possible fascination pour sa puissance, jubilation d'avoir tué un prédateur ou une proie, célébrations et vie sociale rythmées par la nature…

Aux époques suivantes, l'homme est toujours dans ce lien de dépendance totale par rapport à son milieu, avec une mobilité géographique limitée, des outils encore peu sophistiqués pour prélever, extraire ou transformer des ressources. La peur des éléments, des prédateurs, perdure. Les représentations sacrées et les mythes, les cultes de la nature dans son ensemble ou de certains de ses éléments en particulier se développent sous toutes leurs formes, partout sur la planète.

Les tentatives de maîtrise et d'exploitation des ressources s'enchaînent et s'accélèrent à compter de la maîtrise du feu : développement de la transformation des métaux, apparition de premières formes d'agriculture sédentaire, usage des plantes médicinales, découverte et exploration des autres continents et de leurs ressources. C'est, plus tard, la création de jardins botaniques, d'instituts de minéralogie, de sociétés d'import de denrées exotiques, de la création de compagnies pétrolières et chimiques… et le début d'un accroissement de nos moyens, de l'amélioration de notre qualité de vie, et aussi du développement de notre puissance : puissance de production autant que de destruction. C'est ce qu'Ugo Bardi, chimiste italien membre du club de Rome (groupe de réflexion créé en 1968, réunissant scientifiques et décideurs, orienté vers la compréhension systémique des défis auxquels l'humanité fait face) et auteur de l'ouvrage Le grand pillage : comment nous épuisons les ressources de la planète (2015), appelle notre « démence extractive ».

C'est à ce moment de l'histoire de l'humanité que se succèdent des crises locales et des effondrements mondiaux, décrits par Jared Diamond dans Effondrement. Comment les sociétés décident de leur disparition ou de leur survie (2005). À travers plusieurs exemples très fouillés de sociétés anciennes et très récentes, l'auteur explique pourquoi les effondrements majeurs des sociétés sont souvent largement imputables à des causes environnementales, elles-mêmes liées à une surexploitation des milieux habités par ces populations.

Si la soumission et la dépendance totale aux aléas naturels ne sont guère agréables, et que l'homme a légitimement tout fait pour sortir de l'âge des cavernes, l'exploitation forcenée de toutes les ressources au mépris des lois de la nature ne constitue certainement pas un chemin d'avenir.

De fait, nos activités et notre bien-être actuel et futur sont liés aux écosystèmes et à leur bon fonctionnement – pour le maintien de la vie sur terre.

C'est ce que reflète le concept de services écosystémiques : un ensemble de services rendus gratuitement par le milieu naturel, et dont nous bénéficions au quotidien – tant que le milieu est dans un état satisfaisant. Au début des années 2000, les experts de l'initiative Évaluation des écosytèmes pour le millénaire, commandée par l'Organisation des Nations unies (ONU), ont défini ces services, et les ont reliés aux constituants de notre bien-être.

Il existe quatre catégories de services écosystémiques: les services supports, qui sont ceux de l'auto-entretien du milieu (cycles nutritifs – de l'azote par exemple –, formation du sol…), les services d'approvisionnement (en nourriture, eau douce, bois, fibres, combustibles…), les services de régulation (régulation du climat, des inondations et des maladies, purification de l'eau), les services culturels (qui ont une valeur esthétique, récréative, pédagogique, qui invitent à jouir de nos paysages et de notre environnement).

L'ensemble de ces services est la garantie et la condition de notre bien-être : la sécurité personnelle (par exemple, la protection contre les risques naturels), les moyens d'existence et de subsistance (alimentation, abri, matériaux et biens), la santé (physique et mentale) et la possibilité de s'épanouir plus largement.

Ce concept de services écosystémiques est critiqué par certains experts en raison de sa conception utilitariste du rapport de l'homme à la nature. Il a toutefois le mérite de montrer de manière pédagogique les relations que l'homme entretient avec celle-ci, et de manifester la nécessité de préserver un équilibre avec notre milieu. Il indique aussi très clairement que nous bénéficions de nombreux « services gratuits », indispensables ou agréables, du moins tant que nous n'avons pas trop dégradé la maison commune.

Certains diront que c'est justement cette « gratuité » qui a causé la déconnexion de l'homme et de son milieu. Habitué à pouvoir réaliser ses désirs, à dormir au chaud et à être suffisamment nourri (du moins dans les pays prospères), l'homme pense désormais que ce qui n'a pas de prix n'a pas de valeur. Or, il ne lui en coûte rien, ni en temps ni en argent, pendant que la nature dépollue les rivières, pollinise les fleurs, fait pousser des arbres qui agrémentent la promenade du dimanche. À plus de Urbain à 55 %, l'homme contemporain voyage dans la planète Internet ou fréquente les supermarchés, et les lois de la nature lui sont devenues étrangères. L'inondation majeure survenue à La Nouvelle-Orléans en 2005 le laisse sans voix. L'état des terres arables, les prochaines récoltes, ce qu'il est raisonnable de mettre dans son assiette ne le soucient plus. La pollution en Chine ne concerne que les habitants de ce pays. L'homme a délégué à d'autres la tâche de « prendre soin de la maison » et d'en tirer pour lui des moyens de subsistance et de divertissement.

Avoir fait un tel choix ne signifie pas que nous nous sommes affranchis de la nature, mais révèle que nous avons remis nos destins (personnels et collectifs) entre les mains d'autres humains. Nous avons abandonné la vie du temps des « communautés locales » ancrées dans leurs terroirs – communautés qui parvenaient ou non à y subsister – pour forger des sociétés dotées de règles imparfaites, désigner des dirigeants politiques, construire des villes puis des métropoles (Athènes, Rome, Le Caire, Anvers, Londres, New York, Mexico, Manille, Shanghai, Lagos, etc.;) développer des entreprises passées aux mains de dirigeants et d'actionnaires.

Osons dire que cette grande histoire s'est faite sans écouter ce qu'aurait eu à dire l'écologue – il n'avait pas voix au chapitre.

Dans une quête incessante de construction des nations, de conquêtes, de conflits, la prédation des ressources naturelles (les siennes et celles des voisins) a été pour l'homme une nécessité absolue : du blé pour nourrir l'armée romaine ; des arbres à abattre et à scier avec de nouvelles machines pour fabriquer les bateaux de la Compagnie néerlandaise des Indes orientales et aller acheter du poivre et des épices en Indonésie, lesquels sont revendus pour financer la guerre entre Anvers et Amsterdam ; des mines pour extraire du nickel dans les lagons de Nouvelle-Calédonie afin d'approvisionner les industries métallurgiques en Chine, qui, à leur tour, fournissent de quoi fabriquer des avions… Quant au pétrole, difficile de trancher : avons-nous eu besoin de pétrole pour faire la guerre, ou avons-nous fait la guerre pour avoir encore plus de pétrole ?

La grande accélération

À cette dynamique millénaire de conflits entre tribus, pays et entreprises, se sont ajoutées à partir du XIXe siècle des avancées technologiques multiples. La succession toujours plus rapide des techniques décrite par Jacques Ellul en 1976 dans son article « La technique considérée en tant que système » (Les Études philosophiques, no 2 : La technique, avril-juin 1976, p. 147-166) est saisissante.

À l'époque où s'affrontaient deux modèles supposés antagonistes, le capitalisme et le communisme, Ellul voyait, lui, un dénominateur commun aux deux systèmes : la technique. Celle-ci permet d'édifier les mêmes usines à l'Ouest et à l'Est, de réduire le besoin en main-d'œuvre, de transformer et de conditionner nos modes de production et de consommation. Selon cet auteur, le capitalisme, qu'il soit privé ou étatique, est tout entier centré sur l'optimisation de la croissance économique, et donc sur son appareil de production, entièrement déterminé par le développement de la technique. Ce qui conduit Ellul à conclure en 1982 : « Si Marx revenait aujourd'hui, quel phénomène retiendrait-il pour caractériser notre société ? [...] Ce ne serait plus ni le capital ni le capitalisme, mais le développement de la technique, le phénomène de la croissance technicienne. » (Jean-Claude Guillebaud, « Jacques Ellul ou la passion d'un sceptique », Le Nouvel Observateur, 17 juillet 1982). Il n'est plus alors question de schéma politique, mais d'un système mondial dans lequel le pouvoir et la capacité de reproduction de la valeur ne sont plus liés au capital mais à la technique.

Ellul explique en détail ce processus dans Les nouveaux possédés (1973). L'homme ne pouvant s'empêcher de sacraliser son environnement, ce n'est désormais plus la nature qu'il sacralise mais ce par quoi il l'a désacralisée, profanée et même polluée : la technique. Les conséquences de ce transfert ne sont pas seulement environnementales, mais aussi psychologiques, et se traduisent par des comportements de dépendance à l'égard de la technique (que l'on qualifiera plus tard d'addiction). Et ce, d'autant plus que, se considérant comme « adulte » par rapport aux périodes du passé, supposées infantiles, l'homme contemporain refuse d'admettre qu'il sacralise quoi que ce soit.

Ellul nous dit en somme que l'homme, en tant qu'individu (entrepreneur, citoyen, politique, chef de guerre), ne décide plus de mettre en œuvre une nouvelle technique pour mener une bataille ou accomplir un changement ; ce sont les nouvelles techniques qui s'imposent à chacun : pour rester dans la course, par fascination pour « le progrès technique », par la foi mise en lui, en raison du lobbying que pratiquent certaines entreprises ou de leur influence sur les décisions structurantes pour l'économie et pour la marche du monde. Chaque nouvelle technique apporte des effets indésirables, et nécessite à son tour une réponse innovante, mais encore technologique.

Cette analyse est d'une actualité saisissante. Lorsque nous cherchons à accroître la résistance des plantes aux parasites par de nouvelles manipulations du vivant (les New Breeding Techniques, NBT, qui ne recourent pas à des ADN étrangers, contrairement aux OGM, qui ont trop mauvaise presse), lorsque nous cherchons de nouveaux outils numériques pour sécuriser les données personnelles que nous avons déversées avec confiance – ou aveuglement – dans l'internet, les réponses attendues sont toujours plus techniques, et rarement sociales, éthiques ou politiques.

La machine s'emballe, et notre puissance transformatrice s'accroît encore. Nous en sommes arrivés au point d'inflexion identifié dès 1972 par Dennis Meadows, Donella Meadows et Jorgen Randers dans le rapport intitulé Les limites à la croissance. Leur modèle de calcul est très simple, dans son principe : une population qui s'accroît, un mode de vie qui se développe (plus de nourriture, de produits manufacturés et de services par habitant), un stock de ressources non renouvelables donné au point de départ. Tout à fait logiquement, la pression humaine sur les ressources augmente, les ressources diminuent massivement, puis la population diminue à son tour. La mise à jour de ces travaux trente ans plus tard a permis aux chercheurs de constater que les tendances observées sont proches de ce que leur modèle annonçait.

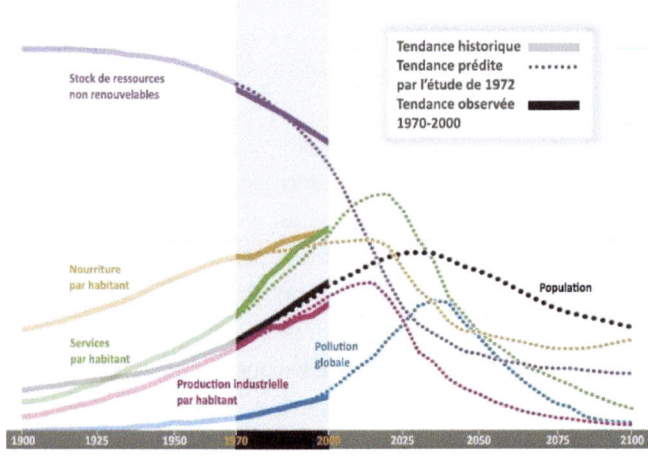

Source : Les limites à la croissance (dans un monde fini). Le rapport Meadows 30 ans après, traduction française de Limits to Growth. The 30-Year Update, Paris, Rue de l'échiquier, 2012.

Cette courbe montre que notre histoire, notre progrès collectif ne saurait se poursuivre sur la même voie que celle que nous suivons depuis cinq mille ans, et encore moins selon celle des cent dernières années.

Pourtant, les économistes choisissent très majoritairement de ne pas prendre en compte le facteur « nature », que ce soit dans leurs théories (fidèles aux dogmes selon lesquels « le prix suffit à réguler le système » et « ce qui n'a pas de prix n'a pas de valeur ») ou dans leurs recommandations pour un avenir économique radieux. La pensée économique orthodoxe est enfermée dans une équation qui ne prend en compte que deux facteurs productifs, le capital et le travail, et qui oublie radicalement le troisième facteur productif, les ressources naturelles – c'est pourtant le seul facteur dont l'humanité dépend…

De rares économistes, dits « physiciens », se hasardent dans cette manière de révolution copernicienne : ils osent dire que la terre est finie, et construisent leurs modèles sur la base de trois facteurs productifs. Leurs travaux, par exemple ceux de Mickael Kumhof, lorsqu'il était coresponsable de la modélisation au Fonds monétaire international (FMI), montrent – sans surprise – que la poursuite de la croissance du PIB dans un monde aux ressources rares est impossible, et que les États considèrent qu'ils créent des richesses alors même qu'ils assèchent notre stock de capital naturel et qu'ils font peser un risque sur notre futur commun.

Une équation simple permet de mieux comprendre l'impasse conceptuelle dans laquelle nous acceptons de continuer à avancer. Celle-ci est posée par les économistes et physiciens Robert U. Ayres et Benjamin Warr dans un ouvrage paru en 2009 : The Economic Growth Engine: How Energy and Work Drive Material Prosperity. Les deux auteurs illustrent la faille majeure de l'économie classique, qui enseigne que la production P (ou le PIB d'un pays) est fonction de deux facteurs de production, le capital et le travail, alors même qu'il y a en réalité trois facteurs de production, le troisième étant les ressources énergétiques et matérielles, ce qui donne la formule : $P = f(K,W,R)$.

Aucun produit ou service n'est totalement immatériel. Les énergies renouvelables nécessitent des infrastructures pour être produites, stockées, transportées. L'économie numérique a besoin de serveurs, de réseaux, de terminaux. Les services de l'économie du loisir n'existent que parce qu'il existe un surplus permettant au consommateur de les acheter, en plus de ce qu'il a acheté pour sa vie quotidienne... La position des économistes physiciens n'est pas de dire que la décroissance est une nécessité de principe, mais d'affirmer qu'un modèle économique fondé sur l'injonction « toujours plus » et qui n'aboutit pas à un équilibre et à un niveau de partage et de bien-être satisfaisants, n'est pas la bonne option.

L'absence de prise en compte de ce facteur R dans notre pensée, dans les modèles macroéconomiques, dans le système fiscal et dans les choix de développer tel ou tel nouveau type de produit et de service répondant réellement à des besoins humains nous conduit mécaniquement à poursuivre notre chemin dans l'anthropocène.

Dans une large mesure, les hommes politiques se rangent volontiers à l'avis des économistes orthodoxes, par facilité et parce qu'ils sont souvent réticents à endosser la responsabilité d'un changement de société ambitieux et radical, qui serait politiquement coûteux – sans oublier le fait que, dans certains pays, il leur est aussi souvent difficile de limiter les activités des entreprises qui ont largement soutenu leur campagne électorale. Ils sont enclins à reléguer à l'arrière-plan ce que leur indiquent les scientifiques, avec des arguments solides. C'est pourquoi Peter Gluckman, le précédent conseiller scientifique du gouvernement néo-zélandais, avait proposé en 2009, la création d'une fonction inédite au sein de l'administration publique de son pays : celle de courtier scientifique. Celui-ci serait chargé de faire le lien entre la communauté scientifique et le public, et d'assurer la dissémination de l'information scientifique et la communication réciproque entre les acteurs. La bonne diffusion de ces informations auprès de tous permettrait peut-être de redonner du poids à ces enjeux lors d'élections à venir, sans pour autant suffire à imposer le changement à l'exécutif en place dès à présent ou à rééquilibrer les forces en présence.

Si on suit cette idée, aux considérations des économistes physiciens et des spécialistes des systèmes humains et techniques cités plus haut, nous devons ajouter celles du biologiste, du médecin et… de l'écologue.

L'histoire contre la vie

Bien souvent, les débats d'experts ou les débats destinés au grand public autour de l'écologie se concentrent sur les thématiques du changement climatique, des énergies (pétrole, nucléaire, énergies renouvelables), de l'eau, des déchets (notamment le continent de plastique dans l'océan)... Le récit qui est généralement fait est celui de la révolution industrielle appuyée sur la maîtrise des énergies fossiles, suivie de la révolution numérique.

Or, il est une troisième révolution dont nous découvrons un peu tard la force : la révolution chimique. L'usage fortement croissant de la chimie depuis le milieu du XXe siècle contribue en effet à transformer radicalement les écosystèmes – et notre propre corps.

Voici quelques faits essentiels :

– entre 2000 et 2014, le marché mondial de la chimie a plus que doublé et il a atteint 3 200 milliards d'euros. Les grandes entreprises de la chimie ont une puissance financière majeure, et leurs produits sont employés pour une infinité d'usages, dont la plupart nous concernent quotidiennement : intrants (éléments entrant dans le processus de production d'un bien) pour l'agriculture, l'industrie agroalimentaire, l'industrie cosmétique, le bâtiment (matériaux, peintures), l'industrie du médicament, etc. ;

– en 2007, on estimait à environ 100 000 le nombre de substances chimiques présentes sur le marché européen, dont 30 000 le sont à plus d'une tonne par an. Le manque de connaissances sur leurs effets actuels et futurs sur la santé et l'environnement est abyssal ;

– le règlement européen REACH est entré en vigueur en 2007. Avant REACH, en accord avec le règlement européen no 793/93, il incombait aux autorités de déterminer les propriétés et les dangers des substances mises sur le marché à partir des données fournies par les entreprises ; dans le cadre de la nouvelle réglementation, ce sont les industriels qui doivent collecter ces informations, évaluer les dangers des substances et prouver qu'ils mettent en place toutes les mesures nécessaires à la maîtrise de risques associés potentiels. Si le nouveau règlement vise la transparence, il ne peut suivre le rythme qui serait nécessaire pour étudier, et interdire si nécessaire, toutes les substances nocives.

La liste des effets de la chimie est longue, et nous ne pourrons ici qu'effleurer le sujet. Une grande partie des substances chimiques sont fabriquées afin d'avoir un effet précis : fluidifiant, texturant, herbicide, pesticide, etc. Il est aisé de comprendre que l'effet recherché en premier lieu n'est toutefois pas le seul obtenu, et que toute nouvelle molécule peut avoir des effets secondaires sur le vivant (humains, faune et flore).

Focus - Les substances CMR

Selon l'Agence nationale de sécurité sanitaire de l'alimentation, de l'environnement et du travail (ANSES), les substances chimiques, seules ou en mélange, peuvent présenter divers effets nocifs pour la santé humaine. Certaines sont dites « CMR », car elles présentent un caractère cancérogène, mutagène ou toxique pour la reproduction. Ces termes sont définis par la réglementation :

– substances cancérogènes (C) : substances et mélanges qui, par inhalation, ingestion ou pénétration cutanée, peuvent provoquer un cancer ou en accroître la fréquence ;

– substances mutagènes (M) : substances et mélanges qui, par inhalation, ingestion ou pénétration cutanée, peuvent produire des défauts génétiques héréditaires ou en augmenter la fréquence ;

– substances toxiques pour la reproduction (R) : substances et mélanges qui, par inhalation, ingestion ou pénétration cutanée, peuvent produire ou augmenter la fréquence d'effets nocifs non héréditaires dans la progéniture ou porter atteinte aux fonctions ou capacités reproductives.

Si le premier principe proposé est en général le remplacement d'un produit CMR par un produit sans effet indésirable (s'il existe), dans la pratique, l'exposition directe et indirecte aux produits CMR est très importante. L'inventaire des agents chimiques CMR utilisés en France en 2005, réalisé par l'Institut national de recherche et de sécurité (INRS), indique que 324 agents chimiques CMR et plusieurs centaines de dérivés pétroliers sont utilisés chaque année. En 2005, 4,8 millions de tonnes d'agents chimiques CMR ont ainsi été utilisés en France. L'enquête Surveillance médicale des risques professionnels (SUMER), réalisée en 2002-2003 sous l'autorité du ministère du Travail montre quant à elle qu'un grand nombre de salariés sont régulièrement exposés à un ou à plusieurs produits CMR pendant leur activité professionnelle. Elle révèle notamment que :

– 2 370 000 salariés (soit 13,5 % des salariés) seraient exposés dans le cadre de leur travail à un ou à plusieurs produits cancérogènes. Même si les protections collectives se sont diffusées, l'exposition aux produits cancérogènes a légèrement augmenté depuis la précédente enquête, réalisée en 1994 ;

– environ 186 000 salariés (1,1 %) seraient exposés à des produits mutagènes, et près de 180 000 (1 %) à des produits reprotoxiques (qui affectent la fertilité des hommes et des femmes et/ou la fécondité – notamment sur le bon développement in utero).

La même enquête montre également que les expositions aux CMR sont inégalement maîtrisées. Ainsi, 23 % des expositions au benzène – dont le rôle dans l'apparition des leucémies est établi depuis longtemps – ne bénéficieraient d'aucune protection collective.

Ces substances que nous côtoyons et qui affectent notre santé jouent un rôle majeur dans la perturbation de toutes les formes de vie. L'effondrement de la biodiversité ne concerne pas seulement les espèces les plus rares : la pression de l'homme sur le milieu et son usage intensif de la chimie détruit la vie sur terre, dans le ciel et dans les océans. Nous citerons à cet égard des faits désormais établis.

En moins de trois décennies, les populations d'insectes ont probablement chuté de près de 80 % dans l'hémisphère Nord. C'est ce que l'on peut retenir d'une étude publiée en octobre 2017 par la revue Plos One. Analysant des données de captures d'insectes réalisées depuis 1989 en Allemagne, celle-ci montre que le déclin des abeilles domestiques, très médiatisé par le monde apicole, n'est que la part émergée d'un problème plus vaste. « Nos résultats documentent un déclin dramatique des insectes volants, de 76 % en moyenne et jusqu'à 82 % au milieu de l'été, dans les aires protégées allemandes, en seulement vingt-sept ans », écrivent Caspar

Hallmann (université Radboud, Pays-Bas) et ses coauteurs. « Cela excède considérablement le déclin quantitatif, estimé à 58 %, des vertébrés sauvages depuis 1970 ». D'après les auteurs de l'étude, le facteur principal permettant d'expliquer un effondrement aussi rapide est l'intensification des pratiques agricoles (recours accru aux pesticides, aux engrais de synthèse, etc.).

Le Muséum national d'histoire naturelle (MNHN) et le Centre national de la recherche scientifique (CNRS) ont présenté en mars 2018 les résultats principaux de deux réseaux de suivi des oiseaux sur le territoire français. Ils évoquent un phénomène de « disparition massive » « proche de la catastrophe écologique ». « Les oiseaux des campagnes françaises disparaissent à une vitesse vertigineuse », précisent les deux institutions dans un communiqué commun. « En moyenne, leurs populations se sont réduites d'un tiers en quinze ans. » Attribué par les chercheurs à l'intensification des pratiques agricoles au cours des vingt-cinq dernières années, le déclin observé est plus particulièrement marqué depuis 2008-2009, « une période qui correspond, entre autres, à la fin des jachères imposées par la politique agricole commune [européenne], à la flambée des cours du blé, à la reprise du suramendement au nitrate permettant d'avoir du blé surprotéiné et à la généralisation des néonicotinoïdes », ces fameux insecticides neurotoxiques, très persistants, notamment impliqués dans le déclin des abeilles.

Pierre Mollo, spécialiste français du plancton, à l'occasion de la sortie de son livre Le manuel du plancton (2013), précisait à quel point ce « petit peuple de la mer » est d'une importance capitale, pour la vie marine, la chaîne alimentaire, les fonctions de régulation des océans et du climat : « Les pesticides utilisés en traitement des sols ou autre vont se retrouver dans les milieux aquatiques par ruissellement et lessivage des sols. Le phytoplancton, lorsqu'il est en contact avec les pesticides, subit des dommages irréversibles. Sa diversité va se réduire, ce qui entraîne un déséquilibre dans la pyramide de la chaîne alimentaire. L'observation régulière du plancton dans son milieu donne des indications sur l'état de la qualité des eaux. Si le phytoplancton est touché et qu'il ne peut suffire à nourrir le zooplancton, tous les maillons suivants seront touchés ».

Le secteur agricole reste le plus emblématique de cet usage nocif de la chimie, car ses activités sont précisément menées au cœur des écosystèmes ; mais au lieu d'en prendre soin, il tend à réduire à néant toute forme de vie autre que la production qu'il espère réaliser sur ces terres. Pour équilibrer le propos, rappelons cependant que les pollutions chimiques liées aux activités de l'industrie ou à la vie quotidienne des citadins sont tout aussi destructrices tant que nous continuons à développer un modèle de société de consommation. Tous nos produits contiennent un très grand nombre de substances dont les effets à court et à long terme nous échappent. Nous commençons tout juste à ouvrir les yeux sur notre rôle dans la modification et trop souvent sur la destruction de la vie, partout sur terre, dans les mers, et dans nos propres organismes.

Lucidité et aveuglement collectifs

Les instances internationales pourraient-elles être plus lucides et plus orientées vers l'intérêt général que ne le sont parfois les gouvernements nationaux ? La sonnette d'alarme internationale a été tirée dès 1972 par le club de Rome, puis à nouveau par le rapport Brundtland (Notre avenir à tous), rédigé en 1987 par la Commission mondiale sur l'environnement et le développement de l'ONU, alors présidée par la Norvégienne Gro Harlem Brundtland.

Ce rapport est le premier à fournir une définition de la « soutenabilité » et à proposer un développement permettant de « répondre aux besoins des générations actuelles sans compromettre la capacité des générations futures à répondre aux leurs ». Si l'idée semble une évidence, elle suppose l'adaptation de nos modes de vie afin qu'ils maintiennent un niveau satisfaisant de stock de capital naturel pour les générations suivantes. Il faudrait pouvoir nourrir, loger, habiller et surtout occuper plusieurs milliards d'individus avec des prélèvements de ressources non renouvelables minimes, en privilégiant les matières et les énergies renouvelables, elles-mêmes prélevées et utilisées avec parcimonie.

Trente ans plus tard, quelques exemples sur l'état du capital naturel suffisent à prouver que nous n'avons pas emprunté ce chemin. Sous l'effet combiné de la pression démographique, des modes de production et de l'intensité de la consommation, la destruction du capital naturel s'accélère :

– concernant le changement climatique, selon les informations disponibles sur le site de l'Institut national de la statistique et des études économiques (INSEE), 2016 a été, au niveau mondial, l'année la plus chaude depuis 1850, avec une température moyenne supérieure de 1,1 °C à celle de la période préindustrielle ;

– le niveau moyen des mers a augmenté de plus de 15 cm depuis 1900 ;

– la concentration atmosphérique de CO_2, le principal gaz à effet de serre (GES), a augmenté de plus de 40 % depuis 1750, dépassant le seuil symbolique des 400 parties par million en 2015 ;

– les émissions de GES liées aux activités humaines ont atteint 54 Gt équivalent CO_2 en 2013, le CO_2 représentant près de 73 % de ce total ;

– les émissions mondiales de CO_2 hors utilisation des terres, leurs changements et la forêt (UTCF) ont progressé de plus de 60 % entre 1990 et 2015, avec des évolutions contrastées selon les pays.

De telles données scientifiques portant sur l'état du système climatique, de la biodiversité, des sols, des ressources en eau sont désormais disponibles pour tous, dans les rapports du Groupe d'experts intergouvernemental sur l'évolution du climat (GIEC) ou ceux de l'Observatoire de la biodiversité, ainsi qu'à des échelons européens et nationaux. Elles donnent à ceux qui les consultent la mesure des enjeux à relever, et devraient alerter aussi bien les pays du Sud que ceux du Nord. En France, le dernier rapport du Groupement d'intérêt scientifique (GIS) Sols indique par exemple que 60 % des sols sont fortement dégradés (érodés, compactés par le labour, minéralisés par excès d'intrants).

L'ONU porte actuellement le concept des Objectifs du développement durable (ODD). Ce nouvel agenda a été adopté par l'ONU en septembre 2015 après deux ans de négociations associant les gouvernements et la société civile. Il définit des cibles à atteindre à l'horizon 2030. Ces cibles, au nombre de

169, sont communes à tous les pays engagés. Elles répondent à plusieurs objectifs généraux : éradiquer la pauvreté, protéger la planète et garantir la prospérité de tous. Mais, là encore, les écueils auxquels se heurtent les ODD sont nombreux, et le cadre conceptuel qui les sous-tend imparfait. Les avancées de l'économie écologique n'ont pas été suffisamment prises en compte dans cette approche.

Voici quelques clés de l'économie écologique, laquelle s'appuie sur les travaux fondateurs de Nicholas Georgescu-Roegen (1971), Robert Costanza, Donella Meadows, Elinor Ostrom (prix Nobel d'économie en 2009) :

– nécessité d'une approche holistique plutôt que par thèmes (eau, alimentation, éducation…) ;

– prise en compte des limites physiques fortes et de l'état dégradé des écosystèmes, qui interdisent de penser dans la continuité des modèles de production que nous connaissons ;

– nécessité de refonder les schémas de gouvernance – vers une prédominance du local – pour parvenir à gérer les biens communs naturels.

La construction des ODD s'est faite sur le principe politiquement porteur d'un scénario désirable – la prospérité pour tous, et pour longtemps – plutôt que sur celui d'un scénario plausible. Leur portée est symbolique, et les modalités de leur mise en œuvre ne sont pas décrites. Les chemins crédibles de transition vers une économie écologique, permettant une réelle évolution ou une refonte des systèmes socio-économiques fonctionnant dans les limites de la planète, ne sont pas esquissés ou proposés. Les ODD, pourrait-on dire, sont aussi irréels et déconnectés des réalités physiques, économiques, politiques, psychologiques, organisationnelles que le concept global de « développement durable ». Les éléments d'analyse et les propositions portés par les acteurs académiques cités plus haut (et sur lesquels nous reviendrons dans cet ouvrage) ne sont pris en compte ni par les gouvernements ni par les instances internationales.

Pourquoi l'humanité fait-elle encore et toujours la sourde oreille ? Qu'est-ce qui pourrait lui redonner le pouvoir d'agir – plutôt que de réagir ? C'est ce que nous devons tenter de comprendre.

2.Les humains, une espèce spontanément éco-logique ?

Homo sapiens, Homo faber, Homo numericus… L'histoire montre que l'homme a jusqu'ici principalement construit des sociétés, des organisations économiques et politiques non durables. Que peut-on alors penser de notre espèce, de son intelligence, de sa capacité à anticiper et à concevoir de nouveaux modes de vie adaptés pour l'avenir ? Il convient de s'intéresser au cerveau humain, aux ressorts psychologiques, aux représentations et aux valeurs, à l'état du capital social – en somme, à notre capacité individuelle et collective à agir logiquement dans notre environnement.

Du rapport plutôt faible entre les connaissances et les actes

Depuis des siècles, l'homme réfléchit : il pense, philosophe, analyse et s'autoanalyse, s'imagine pire ou meilleur qu'il est, se positionne au-dessus ou à côté de la nature, se rêve différent, tente de se copier génétiquement ou de créer des robots qui lui ressemblent. Ses actions tangibles sont-elles réellement cohérentes avec les informations et les connaissances nouvelles dont il dispose désormais, et en phase avec un niveau de conscience supérieur sur les enjeux d'aujourd'hui et de demain ? Il est permis d'en douter.

Aristote, qui avait une vision positive de l'homme, nous incite à faire bon usage de notre capacité à « choisir nos actes en conscience », après avoir pesé les bonnes et les mauvaises raisons et conséquences de nos décisions. Plus de deux mille ans plus tard, nous avons compris que notre part « conditionnée », instinctive – d'autres diront primitive, héréditaire ou normée socialement –, pèse beaucoup plus dans nos actes quotidiens que ce que la part réflexive de notre cerveau veut bien nous laisser croire.

Le lien entre ce que nous savons et ce que nous faisons est ténu : nous savons que fumer ou manger gras ou trop boire tue, et nombreux sont ceux qui s'adonnent néanmoins à divers excès. Nous savons que notre empreinte environnementale est trop forte, et nous poursuivons malgré tout dans la même voie.

Les avancées récentes des neurosciences – notamment l'étude des liens entre les stimulus et les (ré)actions, et le rôle central du cortex préfrontal documenté à la fin de l'année 2017 par un groupe de chercheurs de l'université de Californie dans la revue Nature Human Behaviour – indiquent à quel point la part du choix fondé sur une pensée profonde est faible dans nos décisions. Ce que nous avons appris à faire, ce que nous voulons faire pour plaire, ce que les autres font et que nous imitons, ce que la facilité nous incite à faire sont autant de raisons qui rendent toute modification majeure de nos comportements longue et difficile.

Une pratique nouvelle se développe depuis le tournant des années 2000 dans le champ de la neuroéconomie et de l'économie comportementale. Il s'agit des nudges : des « coups de coude » et des incitations concrètes pour orienter les comportements, actes et choix de consommation du quotidien, sans passer par la case pensante de notre cerveau. Les bases en ont été posées dans l'ouvrage de Richard Thaler et Cass

Sunstein paru en 2008 et traduit en français sous le titre Nudge : la méthode douce pour inspirer la bonne décision.

Nombreux sont ceux qui pensent aujourd'hui que nous n'avons plus le temps pour nous reposer sur l'information et la sensibilisation aux enjeux environnementaux (dont l'efficacité est d'ailleurs faible), et qu'il faut que des acteurs publics et privés agissent fortement et sans attendre pour infléchir les comportements.

C'est ce qui motive l'essor des green nudges, testés actuellement par Eric Singler, directeur de BVA Earth, dans différents contextes. Ceux-ci peuvent porter sur des choix simples comme celui d'un plat à la cantine (on dispose les plats sains et écologiques à portée de main immédiate, et les autres plats plus en hauteur), ou consister à imprimer des traces de pied sur le sol vers l'interrupteur pour inciter les gens à éteindre la lumière avant de quitter une pièce. D'autres sont plus subtils et peuvent potentiellement concerner l'ensemble de nos habitudes de vie.

Que l'on pense que cette méthode d'influence par des nudges est bénéfique, que la fin justifie les moyens, ou au contraire qu'il s'agit d'un nouveau type de paternalisme libéral, il est possible que de telles approches aident à lutter contre nos vieux démons. Ces derniers, ressorts ancestraux, sont décrits avec verve et humour par Yves Paccalet dans L'humanité disparaîtra, bon débarras ! (2006). L'auteur nous place face à nos besoins primaires et à nos aspirations individuelles fondamentales, au nombre de trois selon lui : séduire et se reproduire (pour le plaisir, la conquête et pour la continuité de l'espèce), posséder (pour se prémunir contre les aléas de la vie, mais aussi pour avoir beaucoup, et plus que le voisin), conquérir le pouvoir (pour contrôler et organiser, ainsi que pour écraser ou vaincre).

Dans ces trois impulsions, la prise en compte des écosystèmes, des limites physiques et du temps long est secondaire. Chacun, cherchant à « réussir sa vie », à « s'accomplir », impose sa marque sur la terre et sur les hommes qui l'entourent. La capacité à coopérer n'existe bien souvent que si la coopération apporte des bénéfices immédiats aux uns et aux autres. Rares sont ceux qui acceptent de se dépouiller volontairement matériellement – et surtout psychologiquement – au bénéfice de l'autre, en particulier quand cet autre est encore « à venir » (sous la forme de petits-enfants potentiels). Penser le temps long, plus loin que notre horizon personnel de quelque soixante-dix ou quatre-vingts ans de vie sur terre (du moins dans les pays développés), voilà une chose que l'Homo sapiens n'arrive pas encore à faire correctement.

Plus grave encore : dans Les lois fondamentales de la stupidité humaine, l'anthropologue Carlo M. Cipolla écrit en 1976 que les interactions humaines peuvent totalement défier la logique. Si les jeux gagnant-gagnant ou gagnant-perdant sont majoritaires, et qu'on comprend bien ce qu'est un escroc – un individu qui lèse les autres pour son bénéfice –, il y a une autre catégorie d'humains, les « stupides », qui se nuisent à eux-mêmes et nuisent aux autres, et qui sont présents dans tous les groupes humains. Qu'ils agissent consciemment ou inconsciemment, leurs actes sont défavorables à la fois à leur propre personne (santé, fortune, bonheur) et à ceux qui les entourent. Dès qu'un projet dont l'impact serait positif se profile, le « stupide » arrive et le met à bas, sans raison objective.

Citons enfin l'excellent ouvrage de Sébastien Bohler « Le bug humain : pourquoi notre cerveau nous pousse à détruire la planète et comment l'en empêcher »

De l'ignorance de notre propre nature et de la nature

Outre les médecins, philosophes, anthropologues et sociologues, d'autres experts peuvent apporter un éclairage complémentaire pour connaître l'homme.

Commençons par les marketeurs et les publicitaires. Spécialistes depuis les années 1970 de l'incitation à la consommation, ils ont bien compris que l'acte d'achat et de consommation est loin d'être fondé sur des motifs utilitaires. Parmi les facteurs déclenchant l'achat d'un T-shirt, les bénéfices de l'objet en tant que tel (se vêtir, pouvoir communiquer) sont au second plan, très loin derrière les bénéfices hédonistes (plaisir tiré de l'expérience d'achat et de l'expérience d'usage) et symboliques (appartenance à une communauté de marque ou de valeurs). Les milliards de dollars de campagnes de publicité, à l'ancienne (prospectus dans nos boîtes aux lettres) ou plus modernes (pensons aux blogueuses chinoises dites Key Opinion Leaders, « KOL », rémunérées 10 000 dollars par article de blog pour vanter telle crème cosmétique miracle d'une marque à la mode), ont su exploiter nos motivations hédonistes et symboliques.

Ces campagnes continuent à nous mettre face à nos contradictions profondes : acheter toujours plus aujourd'hui (chaque Américain achète 70 pièces vestimentaires par an, selon les statistiques compilées en 2010 par Juliet Schor dans

La véritable richesse. Une économie du temps retrouvé), au risque de ne plus avoir grand-chose demain. Le « pouvoir d'achat » peut se traduire en pouvoir de « consommer et brûler tout notre capital naturel ».

Que disent, de leur côté, les biologistes sur les ressorts de nos organismes humains et des autres formes de vie à la surface de la planète ? Nous, les hommes, forme de vie « évoluée », dotés d'un cerveau unique par sa taille et sa puissance, sommes-nous une espèce « réussie » ? Quel est notre potentiel de présence, demain, à la surface de la terre ?

Francis Hallé est un grand spécialiste du végétal. Ses travaux concernent l'écologie des forêts tropicales humides (en voie de disparition) et l'architecture des arbres et leurs fonctions. Dans le documentaire On a 20 ans pour changer le monde, sorti en 2018, il livre son point de vue : « J'ai des doutes sérieux sur l'être humain en tant qu'espèce zoologique. Je veux bien qu'un tel ou un tel soit sympathique et intelligent, mais collectivement, on est très mauvais ». Il souligne notamment notre fragile fonctionnement centralisé (organes vitaux) plutôt que décentralisé, et notre dépendance à une nourriture (végétale ou animale). Dans Plaidoyer pour l'arbre (2005), il rappelait qu'un seul arbre (adulte) peut représenter une surface d'échanges biologiques de deux cents hectares, et que ses feuilles et son écorce jouent un rôle indispensable pour fixer le carbone (et maintenir l'équilibre climatique).

Si nous avons les yeux rivés sur la disparition des espèces animales, la déforestation constitue elle aussi, selon ce chercheur, une atteinte à la survie de l'espèce. À l'échelle des temps longs, les végétaux ont pourtant dominé les animaux, et il fait le pari qu'ils les domineront encore, car ce sont des formes de vie plus efficientes, résilientes et capables de se développer en autonomie.

Le biologiste et écologue Jean-Marie Pelt indiquait dès 1977 dans L'homme re-naturé : « Il paraît chaque jour plus évident que la croissance économique ne se poursuit qu'au prix d'une décroissance écologique, tout comme une tumeur cancéreuse ne s'alimente qu'au détriment de l'organisme qu'elle épuise : dans les deux cas, le bilan final est désastreux ». Son analyse de l'évolution et des relations entre êtres vivants a marqué les esprits, avec notamment, en 2004, La solidarité chez les plantes, les animaux, les humains, et sa fameuse citation : « La coopération crée, la compétition trie », qui rappelle les deux stratégies indissociables au niveau de l'évolution. La coopération, c'est l'entraide, la symbiose, le partage de gènes et d'informations, la solidarité (qui est créatrice, permet d'évoluer, de muter, de se réinventer) ; la compétition, c'est la sélection du plus adapté à son environnement, du plus apte à durer, de celui ou de ceux qui ont gagné un avantage concurrentiel. Pelt a longuement expliqué pourquoi notre choix de tout miser sur la compétition nous mène à un effondrement certain.

À ce jour, un seul biologiste siège à l'Académie des sciences en France. C'est bien peu, et cela contribue à l'aveuglement subi ou volontaire des décideurs en termes de compréhension des lois de la nature.

Nous faisons le choix de confier la marche de nos pays ou de nos entreprises à des personnes issues, en France, de « grandes écoles » (École nationale d'administration, École polytechnique et écoles d'ingénieurs, Sciences Po, écoles de commerce), ailleurs de grandes universités ; or, ces élites n'ont bien souvent pas suivi de véritables cours de biologie depuis leurs études secondaires, et n'en ont probablement eu aucun sur l'état des écosystèmes. Même si l'information leur parvient ensuite, ces profils n'ont généralement pas été initialement structurés pour comprendre les risques inhérents à la nature humaine dans ses penchants spontanés de « démence extractive ». Ils sont par conséquent enclins à mettre en avant des valeurs de croissance et de progrès, tout en prenant parfois des décisions stratégiques qui détruisent ou contraignent avec force l'ensemble des formes de vie : celles du plancton, des bactéries et des vers de terre dans le sol, des plantes, des animaux, des humains (de manière plus ou moins directe, et même à l'endroit des enfants pas encore nés, en raison notamment de la chimie répandue dans l'alimentation).

Du délitement du capital social

Quel peut être le lien entre l'effondrement du capital naturel à l'ère de l'anthropocène et l'état du capital social ? Les deux évolutions semblent aller de pair, et l'on peut trouver des liens de cause à effet entre le délitement du capital social et l'incapacité à gérer correctement nos activités dans les limites de la nature, voire à restaurer le capital naturel.

Si l'on suit les analyses de Juliet Schor dans La véritable richesse. Une économie du temps retrouvé (2010) ou d'Éloi Laurent dans Économie de la confiance (2012), l'état de notre capital social est en effet particulièrement préoccupant. Sa forte dégradation au cours des dernières décennies est à la fois la conséquence du modèle socio-économique et politique dit «

moderne », et un facteur bloquant pour le développement d'un modèle de société écologique.

Pour en convenir, il nous faut d'abord tenter de définir le capital social. Et, pour ce faire, il est important de préciser ce que sont les « capitaux » décrits par les travaux de recherche et les divers référentiels mondiaux.

Focus-La notion de capital

Selon les sources, on trouve trois à neuf capitaux, dont les définitions ne sont pas toujours homogènes.

Nous nous appuyons ici sur les travaux du Working Group on Statistics for Sustainable Development (groupe d'experts UNECE/OCDE/Eurostat), chargé de développer un cadre conceptuel pour mesurer le développement durable en adoptant une approche fondée sur les capitaux et pour définir un petit ensemble d'indicateurs susceptibles d'être utilisés par les pays et de servir ensuite pour les comparaisons internationales. Ces travaux ont abouti à la publication en 2009 d'un rapport intitulé Measuring Sustainable Development. Selon ce rapport, on peut distinguer cinq capitaux :

– le capital humain : ce qui influe sur le bien-être et la capacité à produire (éducation, santé, expérience, etc.) ;

– le capital social : réseaux, normes, valeurs et convictions communes qui facilitent la coopération au sein des groupes ou entre eux. Le capital social est parfois inclus dans la notion de capital humain ;

– le capital produit : produits développés par une entreprise, brevets, marques, etc. ;

– le capital financier ;

– le capital naturel.

La Banque mondiale ajoute deux autres capitaux : le capital culturel (modes traditionnels d'être et de faire, habitudes et attitudes, qui fondent une unité, guident la jeunesse, créent une attraction) et le capital politique (capacité à transformer les normes et les valeurs de la communauté en standards, règles et lois qui déterminent entre autres la distribution et l'accès aux autres capitaux – répartition des pouvoirs, traitement des conflits, notamment les différends sur l'accès à des ressources naturelles).

Tout capital, pour donner des fruits pendant de nombreuses années, doit être préservé, régénéré. Il faut le remplacer et le développer constamment. Or, notre époque s'est largement fondée sur l'autonomisation croissante (réelle ou factice) de l'individu, pour l'affranchir des liens locaux, territoriaux, communautaires, lui permettre de faire des choix personnels sans nécessairement tenir compte de leurs effets sur le réseau d'acteurs qui l'entoure. À l'extrême, l'humain du XXIe siècle cherche uniquement à développer son capital humain (ses propres compétences professionnelles, son corps musclé, etc.) et ses richesses matérielles (patrimoine, consommation), dans un modèle où la compétition a supplanté la coopération.

Cette marche de l'histoire récente conduit à un état du capital social qu'Éloi Laurent et Juliet Schor qualifient de désastreux. Nous avons réduit quasiment à néant notre force collective – famille, communauté de valeurs ou de vie dans un quartier ou un village, etc. Cette force était indispensable dans une économie de l'entraide, où les ressources matérielles et financières étaient de fait limitées, et où la meilleure option pour chacun consistait à consacrer un temps important à l'entretien du capital social. En d'autres termes, le tournant du XXe siècle a vu le passage du concept de communauté à celui de société. Il est frappant de constater la simultanéité du développement de l'économie fortement extractive et industrielle et de l'apparition, dans les documents écrits, du terme « société » (vers 1887, sous la plume de Ferdinand Tönnies).

Tönnies présente la façon dont se forgent les nouvelles sociétés modernes. Vu l'augmentation du surplus (disponible pour certains) et les évolutions des modes de vie, il est devenu nécessaire de structurer la société, de poser des règles qui vont encadrer les comportements des uns et des autres, pour limiter les abus ou les dégâts que les usages excessifs des uns pourraient causer aux autres. La notion d'intérêt commun s'effrite au profit des intérêts particuliers. L'État – pouvoir central et régulateur, collectivités – intervient pour définir le cadre qui permet aux individus et aux entreprises de prospérer – matériellement du moins. Des systèmes redistributifs sont mis en place pour pallier les inégalités. Dans le même temps, l'entraide locale et les communautés de vie ancrées dans un territoire s'affaiblissent.

Le sens des mots, ou le sens qu'on leur donne, est ici fondamental. Nous avons grandi avec l'habitude d'entendre des expressions telles que « faire société », « contrat social », « solidarité »... Or, il est bien possible que rien ne soit plus éloigné de la « société » que la notion de partage et de communauté (de vie, d'intérêts, de projet) en équilibre avec les écosystèmes, et que l'expression « société écologique » soit un oxymore aussi splendide que « développement durable ».

Nous avons rayé de nos pratiques quotidiennes modernes plus de cinquante mille ans d'expérience de vie en communautés humaines « dans les limites de la nature », et la maîtrise des énergies fossiles et des technologies nous a littéralement sortis de la jungle mais également éloignés de l'exigence vitale de coopération.

Notre propos n'est pas de faire l'apologie des modes de vie des peuples premiers, ni de prétendre que dix milliards d'individus pourraient aujourd'hui ou demain (re)trouver leur place dans de telles communautés. Il s'agit plutôt de questionner l'état de nos compétences en tant qu'« animal social », et notre capacité à penser et à mener ensemble des actions et des projets au bénéfice de tous.

Pour aller peut-être demain vers des communautés humaines plus écologiques, la reconstruction patiente, méthodique, du capital social est une nécessité.

Juliet Schor expérimente des programmes opérationnels de reconstruction du capital social aux États-Unis. Ainsi, le programme « Get2gether » vise en premier lieu à recréer du lien entre habitants d'un même quartier, avant d'envisager des actions collectives à impact environnemental positif : composter ensemble ses déchets, partager des recettes de cuisine à faible empreinte écologique… Juliet Schor postule que ces premières actions simples sont un préambule à des actions plus ambitieuses, à portée économique : programme de réduction des consommations d'énergie, co-investissement dans des activités économiques positives, par exemple.

Forces de rappel et graines d'espoir : vers un renouveau du « faire ensemble » ?

Il existe des signaux du changement palpable en train de se produire et de se répandre en termes de choix individuels et de capacité à penser ensemble pour agir ensemble au service de l'intérêt général.

Si le dossier de l'après-projet d'aéroport de Notre-Dame-des-Landes est fortement clivant, et si les militants zadistes peuvent inquiéter, irriter ou du moins déranger, des dynamiques moins antagonistes ou orthogonales par rapport à un système sociopolitique donné émergent partout en Europe et à l'échelle internationale. C'est le fait d'une nouvelle génération de jeunes et de trentenaires qui désertent volontairement le système économique hérité de leurs parents pour expérimenter d'autres options.

Cette vague est appelée la « révolte des premiers de la classe ». Elle n'a pas grand-chose en commun avec celle des hippies qui voulaient rejeter en bloc la société de leurs parents et vivre leur liberté au fin fond des campagnes. Les « premiers de la classe » qui prennent un autre chemin aujourd'hui ne sont pas des rêveurs, des « cigales » ou des révoltés. Ce sont des individus surdiplômés, multilingues, ayant eu des expériences professionnelles, et qui ont une lecture précise de l'impasse dans laquelle, selon eux, nos entreprises nous emmènent collectivement.

Citons, par exemple, le groupe à l'initiative du projet « Mazi Farm » établi à une courte distance d'Athènes : Anglais, Français, Grecs, diplômés d'universités prestigieuses, tous travaillent activement à la création d'une ferme agroécologique diversifiée, selon les principes de l'agriculture régénérative.

Leur conviction : la régénération du capital naturel n'est pas un supplément d'âme, mais le défi que leur génération doit relever.

Mentionnons aussi des Digital Natives, qui ont grandi smartphone et ordinateur à la main. Les réseaux sociaux et les nouvelles technologies n'ont pas de secret pour eux : ils savent travailler leur notoriété et tester de nouvelles pistes pour accélérer la transition écologique. En voici quelques-uns : Christian Kroll, trentenaire allemand, fondateur d'Ecosia, un moteur de recherche dont les bénéfices sont utilisés pour la plantation d'arbres ; Thibault Marzloff, ancien de la grande distribution et fondateur de Mooveat, une start-up FoodTech destinée à géolocaliser les produits sains et issus de l'agriculture biologique à proximité de chez soi ; Maxime de Rostolan, ingénieur qui a choisi de se former pour devenir maraîcher puis acteur de premier plan de la transition agricole et alimentaire, disposant de plus de 50 000 fans sur Facebook ; Alexandre Garcin, adjoint au maire de Roubaix, ingénieur des Ponts et Chaussées, qui a quitté le BTP et développe le « zéro déchet » et l'agriculture urbaine dans la ville la plus pauvre de France.

Nous ne pouvons évidemment pas dresser une liste complète ou représentative des « premiers de la classe » qui ont décidé de tracer un chemin autre. De toute manière, l'idée que ces nouvelles élites vertes puissent, seules, mettre en œuvre le changement est sans doute un leurre. La force nécessaire au changement est liée à l'organisation et à la cohésion de groupes constitués.

Le lien entre les cultes et l'écologie est passionnant à considérer et fait partie des dynamiques de changement à prendre en compte. Ainsi, l'encyclique Laudato Si du Pape François en 2015 a renouvelé la doctrine de l'église catholique en la matière, en mettant en avant la nécessité et l'urgence de préserver notre maison commune. Par ailleurs, il est intéressant de noter l'apparition de courants de « musulmans verts » au Royaume-Uni, aux États-Unis et en France principalement.

Le Green Muslim Project mis en œuvre par la mosquée centrale de Londres vise par exemple à collecter des dons pour planter des arbres, et à accroître la connaissance des enjeux écologiques au sein de la communauté musulmane. En France, nous pouvons citer l'apparition récente de marques « bio » et halal comme Tendre France. Principalement commercialisée en Île-de-France, cette marque indique sur son site internet que la viande qu'elle utilise provient de vaches charolaises, et que ses produits permettent de s'alimenter selon l'éthique islamique, qui invite le fidèle à se nourrir de ce qui est halal (licite) et tayyib (bon, sain).

L'évolution des opinions et du comportement d'achat de la communauté musulmane est observée de près par certains spécialistes du marketing, car ceux-ci sont et seront structurants en Europe de l'Ouest pour le développement d'une consommation verte. Une étude de l'Institut français d'opinion publique (IFOP) de 2011 indique en effet qu'en France, si 29 % des Français adultes ont moins de 34 ans, le ratio est de 62 % pour les musulmans (étude accessible en ligne : https://www.ifop.com/publication/enquete-sur-implantation-et-evolution-islam-de-france/.)

De manière générale, les habitudes de vie et de consommation et, plus largement, les choix de vie des individus seront largement conditionnés à l'avenir par ce que les influenceurs mettront en avant comme modèle désirable.

Les déterminants fondamentaux de l'action individuelle, le conditionnement des comportements et la fragmentation des groupes humains au sein de chaque pays tendent à indiquer qu'une force collective de changement pour une société écologique peinera à se dégager, de sorte que nous risquons d'être directement confrontés aux limites physiques de nos activités sur la planète. Cependant, il existe des leviers pour un nouveau « faire ensemble », pour faire émerger des dynamiques réelles de transition écologique sur les territoires et construire un scénario plus désirable.

3. Une transition spontanée ou planifiée ?

Si l'on devait imaginer des trajectoires pour l'humanité à l'ère de la rareté, nous pourrions en envisager deux principales. D'une part, des crises et des effondrements locaux ou mondiaux entraînant un besoin fortement accru de résilience psychologique pour les individus et de résilience matérielle pour les organisations subsistantes. D'autre part, un nouveau chemin collectif fondé sur la coopération, l'adaptation, l'évolution et la transformation en douceur. Ces deux chemins sont bien distincts, l'un suscitant une certaine angoisse, l'autre permettant d'envisager avec sérénité les dernières décennies de l'anthropocène.

Effondrement(s) ou transition ?

Nous avons évoqué dès le début de cet ouvrage à la fois la dimension cyclique de l'histoire (expansion puis effondrement de certains modèles d'organisation sociale à des échelles locales) et sa marche forcée vers une impasse qui va rendre difficile la vie dans des conditions désirables de tout ou partie de l'espèce humaine. Ceci nous amène à formuler trois scénarios prospectifs. Le premier : un effondrement global, proportionnel à la catastrophe mondiale que nous avons rendue possible. Le second : des effondrements localisés très nombreux, simultanés ou en cascade. Le troisième : une transition en douceur, où l'humanité reprend en main son destin et met autant d'intelligence et de sagesse à régénérer les écosystèmes qu'elle a mis d'énergie à les détruire.

Les deux premiers scénarios sont les plus courants dans l'histoire. Conflits, guerres, épidémies, comme exutoires et comme leviers de résolution et de transformation vers de nouvelles réalités. Il est probable que ce chemin soit inéluctable… mais il est dommage de se résigner à autant de « casse » humaine.

Les conflits majeurs engendrent souvent un effet rebond proportionnel à la chute : pic de natalité après une guerre, relance économique, utilisation des technologies militaires pour des applications civiles afin d'aller plus vite, plus loin, pour accélérer la productivité (à court terme du moins)… Autant de réactions compréhensibles mais facteurs d'une pression anthropique accrue.

Nous avons tous en tête les liens entre la course à l'espace (missiles, fusées, satellites) et le développement du GPS et de la téléphonie 4G. D'autres exemples sont moins connus mais ont des effets tout aussi importants ; ils ont forgé notre modèle d'agriculture chimique et industrielle et rendu obsolètes une agriculture paysanne vivrière et un système de vie principalement rural presque partout sur la surface de la planète.

En écoutant l'agronome Claude Bourguignon dans le documentaire On a 20 ans pour changer le monde, diffusé en 2017, on comprend mieux cet effet rebond : « Le drame de l'agriculture, c'est la guerre. À la sortie de la guerre de 1914, d'énormes usines fabriquaient des nitrates pour les bombes, qui ont dû être recyclées dans l'agriculture ; les tanks, on ne sait pas quoi en faire, on les recycle en tracteurs ; on va arracher toutes les haies pour mettre [des barbelés] à la place […] ; les gaz de combat tels que l'ypérite, on les a transformés en DDT – le type aura le prix Nobel pour ça [Paul Hermann Müller, en 1948. Le DDT a été appliqué comme insecticide à partir de 1943, avant d'être interdit à partir des années 1970, car il s'agit d'un polluant organique persistant], et l'agent orange du Viêt Nam, on l'a transformé en herbicide [ce défoliant épandu de 1961 à 1971 dans des opérations de guerre chimique est devenu le 2,4-D, herbicide sélectif toujours largement employé à travers le monde, alors même qu'il est classé parmi les substances cancérogènes par l'OMS en 2008] ».

Ce modèle agricole considéré comme moderne fondé sur le pétrole (pour les tracteurs), le gaz (pour les intrants et les engrais), les minerais (pour construire les engins), et désormais la génétique, le digital, les drones, est à la fois prédateur en ressources naturelles et producteur d'effets externes – aussi appelés « externalités » – très négatifs : effondrement de la biodiversité, dégradation des terres arables, pollution de l'air et de l'eau, répercussions sur la santé...

Sortir du schéma historique crise–effondrement–rebond est sans doute une forme d'utopie, mais peut-être une utopie réaliste, si l'on ose dire.

Pour laisser sa chance au troisième scénario, il serait précieux de pouvoir s'inspirer de modèles écologiques de société observés dans le passé ou dans certaines régions du monde aujourd'hui.

De tels modèles sont minoritaires : l'humanité s'est illustrée au cours des derniers siècles par sa propension à l'expansion démographique et géographique, ses conquêtes (y compris dans l'espace), sa recherche de sécurité et de surplus (tant pour assurer les longs hivers que pour afficher sa réussite). Or, qui dit modèle écologique dit mode de vie à empreinte environnementale beaucoup plus faible que celle de la majorité des pays du Nord, ce qui conduit à se référer aux pays dits « peu développés ».

Sur la base des travaux de Hans Rosling, spécialiste de la présentation pédagogique de statistiques sur l'économie mondiale, nous pouvons illustrer l'inexistence actuelle de modèles très écologiques et à fort indice de développement humain (IDH).

L'IDH est un indice composite, sans dimension, compris entre 0 (exécrable) et 1 (excellent). Il est calculé par la moyenne de trois indices quantifiant respectivement :

– la santé ou la longévité (mesurées par l'espérance de vie à la naissance). Cet indice permet d'indiquer indirectement la satisfaction des besoins matériels essentiels tels que l'accès à une alimentation saine, à l'eau potable, à un logement décent, à une bonne hygiène et aux soins médicaux ;

– le savoir ou niveau d'éducation. Il est mesuré par la durée moyenne de scolarisation pour les adultes de plus de 25 ans et par la durée attendue de scolarisation pour les enfants. Il traduit la satisfaction des besoins immatériels tels que la capacité à participer aux prises de décision sur le lieu de travail ou dans la société ;

– le niveau de vie (calculé à partir du revenu par habitant) qui vise à englober les éléments de la qualité de vie qui ne sont pas décrits par les deux premiers indices, par exemple, la mobilité ou l'accès à la culture.

L'outil statistique en ligne Gapminder, créé à partir des travaux de Rosling, permet de représenter sur un graphique à deux axes, pour tous les pays du monde, l'indice de développement humain en fonction du niveau d'émissions de CO_2 par habitant par an – qui vont de moins de 0,1 tCO2/tête à plus de 20 tCO2/tête. La corrélation entre les deux séries est frappante : les points sont quasiment alignés sur une droite. L'absence de modèle de pays existant à haut niveau de développement humain et faible empreinte carbone donne l'impression (à tort ou à raison) que l'équation « société prospère et écologique » est insoluble.

Certains écologistes présentent le Bhoutan comme le modèle idéal. Ce pays où le pouvoir d'achat est très faible, doté d'un régime politique fermé, a mis en avant le fameux indicateur de « bonheur intérieur brut » (BIB). D'autres essaient de trouver des communautés humaines ayant pu donner l'exemple par le passé : « peuples premiers » au sein des jungles, Inuits, Aborigènes d'Australie...

Nous conviendrons que ces exemples ne sont pas de nature à convaincre et à séduire le monde politique et la majorité des citoyens. Mais partir de notre mode de vie « hors sol » et proposer un chemin séduisant vers une cible également désirable est un autre écueil de la transition écologique.

Dans un monde sous tension et à l'issue de plusieurs siècles de guerres et de décennies de consommation, comment donner envie à la population de réduire ses possessions matérielles et personnelles, de vivre dans la quiétude, de favoriser le partage, sans être rangé dans l'une de ces catégories : dangereux « décroissanciste », communautariste, pacifiste, ermite, anarchiste ?

Au-delà d'un débat sur les positions politiques se pose la question des modes de vie (emploi, accès à la santé, etc.) associés à une vie écologique. Quels emplois serait-il possible de mettre en place demain ? Comment faire vivre sa famille au quotidien ? Serions-nous (à nouveau) presque tous agriculteurs ? Faut-il envisager un retour à la mobilité douce (à pied, à vélo, à cheval, etc.) pour tous et un arrêt total des déplacements lointains ? Quels plaisirs et satisfactions seraient possibles dans une telle société ?

Focus- des emplois verts

De multiples modèles, études et rapports tentent d'évaluer le nombre et le type d'emplois verts disponibles dans une économie écologique. Notre but n'est pas de dire s'il existe un gisement de 100 000 ou d'un million d'emplois verts en France accessibles d'ici cinq ou vingt ans, mais de poser un cadre de réflexion.

Parmi les documents propices à celle-ci, le grand projet de recherche Neujobs (programme européen pluriannuel et multidisciplinaire) a conduit notamment à la production d'un rapport Socio-Ecological Transitions: Definition, Dynamics, and Related Global Scenarios.

Ces travaux donnent une vision de la possible structure des activités et des emplois dans un monde en transition, en particulier après le pic pétrolier. Il y aurait une augmentation de la proportion d'emplois physiques (production agricole plus exigeante en main-d'œuvre, tri des déchets, déconstruction fine dans le bâtiment), probablement une incapacité à faire fonctionner nos équipements industriels énergivores, une augmentation de l'autoproduction (potager, diverses productions pour usage propre). À l'ère de la rareté, la proportion d'emplois intellectuels de tout type (emplois de bureau, innovations technologiques, etc.) baisserait, et les activités empathiques augmenteraient. Ces dernières, selon les auteurs de l'étude, peuvent relever de l'entraide familiale et du bénévolat (soins aux personnes âgées et aux handicapés, aides aux enfants), ou être vocationnelles (enseignement, armée ou institutions consacrées aux activités de gestion de l'urgence et de réparation à la suite de crises écologiques et/ou humanitaires, etc.).

Pour dessiner plus précisément une ou des sociétés écologiques d'avenir viables et agréables, il est nécessaire d'agrandir le champ de nos réflexions au-delà de nos perceptions et de nos connaissances actuelles.

Penser conjointement les transitions écologique, démographique et numérique

Une transition écologique réussie suppose une mutation des systèmes productifs humains (pour faire mieux avec moins) en cohérence avec les autres transitions en cours. Celles-ci sont nombreuses et ont des répercussions colossales.

Citons en premier lieu la transition démographique locale et mondiale : explosion démographique qui se poursuit pour celle-ci, vieillissement préoccupant pour celle-là, vagues migratoires et difficile intégration... Il est impossible d'imaginer des modèles socio-économiques supposément écologiques sans tenir compte de ces éléments. La voiture autonome (qui pourrait optimiser les transports par le covoiturage et limiter les bouchons) n'est par exemple pas une solution pour une personne très âgée ne maîtrisant pas ou peu l'outil numérique, pour la commander ou la piloter. En clair, l'empilement de nouvelles technologies et une très forte numérisation de notre société ne sont pas, par défaut, la solution partout et pour tous à nos enjeux écologiques – et de plus, l'empreinte écologique du numérique pour sa fabrication, utilisation et fin de vie – augmente de manière exponentielle.

L'idée que de nombreux citadins (nés en ville et habitués aux galeries marchandes) et des migrants venus dans les pays du Nord en quête de prospérité souhaiteront aller travailler dans les campagnes pour régénérer le capital naturel n'est pas non plus une évidence. Illusoire, aussi, le fait d'attendre de jeunes générations ayant grandi avec Instagram, son instantanéité et sa futilité, qu'elles aillent demain monter des projets collectifs ardus de valorisation des énergies renouvelables, d'installation de fermes diversifiées, ou de développement d'entreprises nouvelles.

Ces quelques exemples permettent d'aborder la transition suivante : la transition numérique. Renaud Francou, dirigeant de la Fédération internet nouvelle génération (FING), a résumé la situation dans ses conférences : « La transition écologique a un horizon mais ne sait pas quel chemin prendre pour l'atteindre, le numérique transforme tout mais ne sait pas en quoi. L'une et l'autre se croisent ».

Le numérique a envahi nos vies : professionnelle, privée, citoyenne. Est-il un accélérateur rêvé pour la transition écologique, ou au contraire le dernier galop vers l'effondrement ? Comme nous l'avons vu avec Jacques Ellul, si l'évolution de la société est mue par l'essor incontrôlé de nouvelles technologies, les perspectives sont relativement sombres. De fait, à ce jour, les montants consacrés aux outils numériques dans les secteurs agricole et énergétique et dans le commerce, trois secteurs clés pour faire muter l'économie, le sont principalement pour des technologies dont le bénéfice environnemental est plus que douteux.

Dans le domaine agricole et alimentaire, on parle d'AgTech et de FoodTech. Selon les études américaines et selon le groupe DigitalFoodLab en France, les montants investis dans les start-up AgTech et FoodTech sont en pleine expension. La plupart de ces start-up ciblent l'exploitation de la donnée agricole (par exemple, pour épandre plus précisément des produits phytosanitaires), les services de livraison à domicile de produits alimentaires (courses régulières ou plats cuisinés directement issus de restaurants), ou encore les recettes personnalisées adaptées à des envies ou à la santé de chacun. Parmi ces jeunes entreprises, une minorité fait le pari de la tech for good, c'est-à-dire de tenter de répondre à un défi social et/ou environnemental, puis de cadrer et de renforcer un modèle économique permettant d'y arriver. En voici quelques exemples : AgroLeague et LandFiles pour le partage de savoir-faire entre agriculteurs autour de l'agriculture de conservation des sols ; Too Good To Go pour acheter à prix réduits et manger des plats préparés dont la date d'expiration est proche ; Blue Bees pour financer par don ou par un prêt participatif des agriculteurs en agroécologie et des TPE alimentaires « bio » ; Aurore Market (vente en ligne de produits issus de l'agriculture biologique secs).

De telles start-up répondent à de vrais enjeux mais se développent lentement ; elles attirent par conséquent moins que d'autres entreprises les fonds d'investissement, qui leur préfèrent celles qui vont plus vite conquérir une part de marché élevée et une position dominante – quel que soit le produit ou le service vendu (écologique ou non).

De fait, les investisseurs financiers alimentent principalement une transition numérique mondiale surpuissante dont l'objectif premier est la surenchère technologique pour former de nouvelles licornes (start-up dont la valeur est estimée à plus d'un milliard de dollars), et non l'outillage d'une société écologique.

En réalité, la puissance numérique est aujourd'hui concentrée dans deux dimensions : celle de la vie en ligne (poids croissant de notre identité numérique, déclarée et calculée pour nous vendre de nombreux biens et services au plus près de nos profils et besoins estimés ; usages des réseaux sociaux pour influencer et créer de nouvelles tendances), et celle de l'intelligence artificielle (pour transformer en profondeur la place de l'humain dans les activités économiques, avec des usages pour la reconnaissance des images complexes, la e-médecine, la robotique, les services aux entreprises, etc.).

Dynamiques de transition et clés du succès

Nous avons esquissé précédemment le scénario d'une transition écologique en douceur, probablement la seule qui permettrait de sortir du cycle conflit-effondrement-rebond-surenchère.

Cette transition pourrait-elle être spontanée (le fait de groupes humains ici et là sur la planète) ou devrait-elle être planifiée et déployée par une région, un État, l'Europe, l'ONU ?

Puisque la transition écologique suppose de réinventer en profondeur nos modes d'organisation, de production, de vie quotidienne, la première question qui se pose est celle des acteurs capables de réinventer nos systèmes ; la seconde est celle du déploiement de la transition.

L'observation de l'histoire et des faits actuels nous incite à penser que la transition germe mieux au niveau local, par et pour les habitants d'un bassin de vie de taille limitée. Nous citerons plus loin des exemples de territoires en transition, et la façon dont ils ont pu mettre en œuvre le changement.

Un deuxième argument en faveur de l'innovation et de l'initiative locales réside dans le fait que l'innovation ne se planifie pas et que, jusqu'à présent, les tentatives pour encadrer le secteur de la recherche et du développement ont conduit à investir dans des innovations technologiques à potentiel militaire ou à fort rendement financier, plutôt qu'à favoriser une innovation frugale, permettant de faire mieux avec moins. L'éco-innovation réelle est en berne, car elle a besoin de mieux se relier aux besoins du plus grand nombre, d'abolir les frontières entre disciplines et laboratoires de recherche, et surtout, de trouver des terrains d'expérimentation grandeur nature (hors du laboratoire ou de l'usine). Elle germe spontanément là où on ne l'attend pas. L'usage de l'intelligence collective suppose de laisser à chacun la possibilité d'innover. Dans la pratique, les restrictions budgétaires qui pèsent sur la recherche et les plans d'économie dans les entreprises contribuent à l'essor du crowdsourcing, notamment pour recueillir des idées, voire des innovations réelles, auprès de la foule des usagers et consommateurs.

Focus - L'exemple d'Umgibe System

Nonhlanhla Joye, une Sud-Africaine de 51 ans, a créé un concept novateur pour produire ses propres légumes issus de l'agriculture biologique dans un milieu bétonné et limité en taille. Découvrant en 2015 qu'elle est atteinte d'un cancer, sans emploi et dans l'incapacité de travailler, cette femme doit trouver une solution pour nourrir sa famille. Elle entreprend de produire ses propres légumes, mais les poulets de ses voisins saccagent sa récolte. Elle décide alors de construire une sorte de plate-forme hors de portée des animaux, afin que sa récolte soit protégée. Elle élabore une construction en bois à partir de tréteaux sur lesquels elle suspend des sacs en plastique contenant la terre et les légumes. Elle produit ainsi des légumes sans produits chimiques, d'une manière adaptée à l'environnement urbain. Nonhlanhla Joye encourage ses proches et ses voisins à créer une coopérative, qui offre des kits et des conseils pour la production. C'est ainsi qu'Umgibe System voit le jour, pour contribuer à l'autosuffisance alimentaire des familles. Sa créatrice est récompensée du prix de la Femme entrepreneure de l'année le 30 mars 2017 lors du forum Impact2 (forum international consacré à l'entrepreneuriat social) à Paris.

Le troisième argument en faveur de l'innovation locale est plus politique (cf. le dernier chapitre). Il s'agit d'innover pour (re)créer avec les forces vives locales des systèmes productifs locaux viables, en appliquant le principe de subsidiarité.

Focus - Subsidiarité et suppléance

Le principe de subsidiarité est un principe politique et social selon lequel la responsabilité d'une action publique, lorsque celle-ci est nécessaire, doit être allouée à la plus petite/proche entité capable de résoudre le problème. Il s'articule avec le principe de suppléance, qui prévoit que, lorsque le problème excède les capacités d'une petite entité, l'échelon supérieur est compétent pour prendre en charge la question à traiter.

Il est intéressant de revenir aux racines religieuses de ce principe. Celui-ci peut en effet être compris d'abord comme un principe moral, qui permet de responsabiliser le plus petit et de valoriser ses compétences, de ne pas le priver de ce qu'il peut accomplir par lui-même, tout en l'aidant si nécessaire. La doctrine sociale de l'Église éclaire sur ce point. Dans un contexte de vie ouvrière difficile, Léon XIII a affirmé dans l'encyclique Rerum novarum (1891) la position des chrétiens en faveur du principe de subsidiarité et d'une justice redistributive. Sa position a été complétée par Pie XI dans son encyclique de 1931. En voici un extrait remarquable : « De même qu'on ne peut enlever aux particuliers, pour les transférer à la communauté, les attributions dont ils sont capables de s'acquitter de leur seule initiative et par leurs propres moyens, ainsi ce serait commettre une injustice, en même temps que troubler d'une manière très dommageable l'ordre social, que de retirer aux groupements d'ordre inférieur, pour les confier à une collectivité plus vaste et d'un rang plus élevé, les fonctions qu'ils sont en mesure de remplir eux-mêmes. L'objet naturel de toute intervention en matière sociale est d'aider les membres du corps social et non pas de les détruire, ni de les absorber ».

Le principe de subsidiarité est inscrit dans le traité de l'Union européenne (1992). Sa mise en place a été largement soutenue par l'Allemagne, pour qui le modèle fédéral multi-échelle est un acquis historique non négociable. Cependant, il est mal appliqué, qu'il s'agisse du droit de chacun à produire (ses énergies renouvelables, de l'alimentation) et à tirer de sa production quelques revenus complémentaires, ou encore du développement d'une gouvernance locale ou communautaire de biens communs naturels (coopérative citoyenne d'énergies renouvelables, par exemple) ou financiers (comme la finance participative, aujourd'hui limitée dans son essor par des seuils de montant très bas).

Toutefois, si l'innovation locale prime, elle ne suffit pas au déploiement de dynamiques de transition. Le faire ensemble et la gestion des biens communs naturels sont deux facteurs clés. Or, faire ensemble nécessite un bon état du capital social. Ce capital social est un prérequis, mais il n'est pas suffisant pour permettre la bonne gestion des biens communs, ces ressources en partage dont nous dépendons tous pour notre vie quotidienne et notre épanouissement, aujourd'hui et demain.

La théorie moderne propose une définition des biens communs (souvent appelés simplement « communs » en économie) fondée sur trois caractéristiques :

– une ressource en partage (les ressources naturelles, l'eau, la monnaie, les données…) ;

– les droits et obligations liant les participants à cette ressource ;

– la gouvernance qui permet de faire respecter l'équilibre défini.

Parmi les « communs » naturels, on peut ainsi trouver certaines ressources en partage, dès lors qu'elles sont gérées collectivement. Par exemple, un lac et ses poissons, s'ils sont correctement préservés par une communauté humaine locale ; une forêt assortie de droits de chasse et d'un garde-chasse, et de règles pour la coupe des arbres ; certaines zones maritimes et côtières dotées de règles précises – pour la pêche et les loisirs…

D'autres communs (sociaux, financiers, numériques) existent, et constituent le plus souvent des leviers très puissants pour faciliter la transition écologique, s'ils sont articulés entre eux pour favoriser la bonne gestion des communs naturels.

Parmi les communs sociaux, on distingue généralement l'espace public et les réseaux sociaux (réels et virtuels). Pour les communs immatériels et humains, il s'agit d'écrits, de données et d'outils (depuis la Bible jusqu'à Wikipédia, et aux logiciels et outils open source). Les communs financiers sont au nombre de trois : la création monétaire (supranationale, nationale, infranationale avec les monnaies complémentaires, virtuelle avec les cryptomonnaies), l'octroi de crédit (dans la main des banques, mais aussi parfois dans celles de communautés de confiance accordant des prêts de pair à pair – tontines, crowdlending…) et la gestion de la liquidité (également confiée aux banques et aux organismes financiers, régulés par les États).

Selon Elinor Ostrom, prix Nobel d'économie en 2009 et auteur de Gouvernance des biens communs. Pour une nouvelle approche des ressources naturelles (1990), la gouvernance nationale et internationale des ressources naturelles est structurellement défaillante, car trop éloignée des ressources et des acteurs directement impliqués. Selon Ostrom, huit principes de conception caractérisent les gestions efficaces des ressources communes : l'existence de limites clairement définies, à la fois concernant les individus ayant accès à la ressource, et concernant les limites de la ressource elle-même ; l'adaptation aux conditions locales (main-d'œuvre, matériel, argent) ; l'existence de dispositifs de choix collectifs incluant la plupart des individus concernés ; l'existence de modalités de surveillance du comportement des individus ayant accès à la ressource, rendant compte à ces mêmes individus ; l'existence de sanctions graduelles en direction des individus qui transgressent les règles ; l'existence de mécanismes de résolution des conflits rapides et bon marché ; la reconnaissance minimale par les autorités externes du droit à l'auto-organisation ; l'imbrication des institutions locales au sein d'institutions de plus grande échelle.

Des exemples de transition à l'échelle des territoires

Les débats sur les modèles de société écologique efficaces et durables sont nombreux. Si l'approche locale est souvent considérée comme indispensable, à quelle échelle peut-on travailler, sur quels enjeux de vie en commun ? Comment articuler les différentes échelles ? Existe-t-il une taille optimale, en équilibre avec la nature, pour des communautés de vie humaine ?

Voici quelques éléments de réponse.

À l'aune de l'observation des systèmes naturels, la permaculture pose comme principe que des systèmes de petite taille, maillés entre eux, sont les plus performants. C'est également la conclusion des longs travaux de Serge Salat, qui est parti de l'analyse des formes des villes au fil des siècles et dans de nombreux pays.

Cet expert urbaniste (qui travaille notamment au sein du GIEC), mathématicien et architecte, indique que, pour un état économique et écologique optimal, il faut vivre dans de petites et moyennes unités urbaines. Cela permet, par exemple, de limiter les bouchons et les distances à parcourir. Au-delà d'une certaine taille, le système dysfonctionne : distances d'approvisionnement alimentaire trop élevées, concentration de déchets à évacuer au loin, dépendance unique à la consommation et difficulté à autoproduire (de l'alimentation ou des énergies, entre autres)... Les effets négatifs de la concentration urbaine sont nombreux.

De plus, la très grande métropole, souvent présentée comme un lieu magique d'opportunités pour tous, est un mirage : les compétences des uns ne sont pas toujours en adéquation avec les postes offerts par les autres, le changement de domicile est souvent délicat s'il s'agit d'accéder à un nouveau travail trop éloigné, et ce déménagement ne fournit, dans la majorité des cas, pas tous les moyens de résoudre la panne de l'ascenseur social.

Serge Salat estime la taille maximale d'une ville potentiellement durable à moins de cent mille habitants. Or, la plupart de nos centres urbains excèdent ces limites…

Quelles sont les différentes tentatives de modèle écologique à petite échelle ?

Afin de construire une alternative à la société de consommation et à la grande ville, de petits groupes d'individus ont cherché à forger des communautés de vie quasi autonomes. C'est le cas des lieux de vie ou de petits villages du Réseau français des écovillages. La pratique a cependant montré que la pérennité de ces lieux pose problème : le nombre d'individus concernés est limité, et les activités productives peuvent être insuffisantes pour nourrir tout le monde et fournir du bien-être à chacun.

Cette approche d'écologie intégrale diffère fondamentalement de ce que propose le réseau de villes en transition. Le mouvement de transition est né au Royaume-Uni en 2006, dans la petite ville de Totnes. L'enseignant en permaculture Rob Hopkins avait créé le modèle de transition avec ses étudiants dans la ville de Kinsale, en Irlande, un an auparavant. Il y a aujourd'hui plus de 2 000 initiatives bâties sur ce modèle réparties dans 50 pays, dont 150 en France, et toutes sont réunies dans le Réseau international de la transition (regroupé dans Transition Network.org).

Il s'agit d'inciter les citoyens d'un territoire (bourg, quartier d'une ville, village…) à prendre conscience des conséquences que vont avoir sur leur vie la convergence du pic pétrolier et du changement climatique, et de la nécessité de s'y préparer concrètement. On pourrait parler, à propos de ce mouvement, d'écologie raisonnable et opérationnelle. Les limites aux projets de ce type sont néanmoins nombreuses, les projets étant conditionnés à certaines exigences : existence d'un petit groupe initial de personnes volontaires pour animer cette démarche, bonne articulation avec les collectivités locales (et les élus), capacité à toucher la majorité de la population, articulation avec les acteurs économiques dominants du territoire, être en mesure de changer d'échelle pour toucher tous les territoires dans les pays développés, etc.

Focus - Ungersheim, des radis et davantage

La commune d'Ungersheim, village d'Alsace de 2 200 habitants, s'est lancée dans la démarche de la transition vers l'après-pétrole en décidant de réduire son empreinte écologique. Cette démarche s'inscrit dans le mouvement des villes et villages en transition lancé par Rob Hopkins.

À l'initiative de la municipalité, Ungersheim a lancé en 2009 le programme de démocratie participative « 21 actions pour le XXIe siècle », qui englobe tous les aspects de la vie quotidienne : alimentation, énergie, transports, habitat, argent, emploi et éducation. L'autonomie est le maître-mot de ce plan d'action visant à relocaliser la production alimentaire pour réduire la dépendance au pétrole, à promouvoir la sobriété énergétique et le développement des énergies renouvelables, et à soutenir l'économie locale grâce à une monnaie complémentaire.

En créant une filière agricole locale « de la graine à l'assiette », la municipalité d'Ungersheim poursuit depuis plusieurs années l'objectif de la souveraineté alimentaire. Les Jardins du Trèfle rouge en sont un bon exemple. Cette exploitation maraîchère « bio » de huit hectares propose sa production chaque vendredi au marché, distribue aux ménages du village 150 paniers de légumes deux fois par semaine, et fournit chaque jour en nourriture la cantine de l'école.

De plus, le 16 septembre 2010, le conseil municipal a choisi la société Hélios Développements pour installer la plus grande centrale photovoltaïque d'Alsace sur toiture au pied du terril Marie-Louise. La centrale injecte dans le réseau ERDF ses premiers KW à la fin de l'année 2012. Sa production électrique correspond à la consommation de près de 3 000 habitants.

Enfin, pour inciter les habitants à consommer les denrées issues du territoire, depuis le 13 juillet 2013, Ungersheim fait partie des rares communes françaises dotées de leur propre monnaie complémentaire. On l'appelle ici le radis. C'est un outil interne de réappropriation collective et citoyenne, gouverné par une association sans but lucratif qui réunit l'ensemble des acteurs.

Que peut-on observer à l'échelle des collectivités locales, urbaines et rurales, petites ou grandes ?

Depuis plusieurs années, des régions et de grandes métropoles se sont rassemblées pour créer une émulation et un partage des bonnes pratiques, et agir dans le sens d'une limitation du changement climatique et de ses conséquences. Il s'agit notamment du réseau R20 – Regions of Climate Action et du C40 – Cities Climate Leadership Group (40 métropoles internationales). Ces réseaux ont donné de la visibilité à la question de la transition énergétique et climatique. On peut y voir une dynamique positive, capable d'inspirer d'autres villes ; mais on peut aussi penser que de telles initiatives sont néfastes : elles peuvent en effet donner l'impression que la grande métropole verte est viable. Or, comme nous l'avons vu précédemment, si l'on en croit Serge Salat, il n'en est rien.

Une véritable approche de la transition énergétique ou climatique suppose de remettre profondément en cause l'aménagement du territoire, la répartition de la population entre ville et campagne, les modes d'approvisionnement alimentaires et énergétiques, la taille et la forme des villes...

En France, différentes initiatives vont dans ce sens. Ainsi, le réseau des territoires à énergie positive (TEPOS), lancé par plusieurs territoires plutôt ruraux (le Pays thouarsais (Deux-Sèvres) et Le Mené (Côtes d'Armor) notamment, pour revivifier leurs territoires tout en accomplissant leur transition énergétique. Ces projets ont souvent été mis en œuvre par un habitant particulièrement convaincu, engagé dans la durée, et capable d'aller solliciter les élus (quand il n'est pas lui-même le maire ou le député local). Nous pouvons également citer le département des Vosges, qui fait face – comme beaucoup d'autres – à une érosion démographique et à la difficulté de conserver ou de développer des activités économiques. Via le conseil départemental et l'agglomération d'Épinal, les Vosges font le pari du « capital nature » et de la transition énergétique. L'écotourisme, avec la création de marques dédiées comme Forê, permet de valoriser la nature préservée. Le département s'est en outre doté récemment du plan Vosges ambitions spécial transition énergétique (VASTE), pour accélérer la dynamique de transition écologique.

Face à certains territoires fragilisés économiquement, à la suite de la faillite ou de la fermeture de grands sites industriels notamment, l'État lance en 2018 les contrats de transition écologique (CTE), dont l'avenir est encore incertain. L'intention est bonne : proposer à des collectivités et des acteurs économiques présents sur un territoire de s'associer pour créer des activités et des emplois liés à la transition énergétique et écologique. Cette action pose en outre la question du rôle possible ou souhaitable du monde politique dans la transition (cf. le chapitre 5).

Précisons enfin que, pour réussir et être déployée avec succès sur un territoire, la transition écologique doit être un projet mondial, ce qui suppose d'actionner simultanément plusieurs leviers. Il faut trouver les forces vives (acteurs économiques déjà présents ou nouveaux) qui vont savoir porter des projets, développer des compétences (métiers de demain, conversion de professionnels), proposer des solutions de financement adaptées, et réinventer les organisations économiques autour d'une nouvelle convergence d'intérêts, afin de placer l'intérêt général au centre.

4.La voie économique

Envisager puis concevoir globalement une économie écologique, assurant à tous une prospérité durable, est une tâche que notre cerveau peut trouver bien difficile à accomplir.
Nous pouvons constater que nos cadres mentaux nous enferment le plus souvent dans une pensée simplificatrice fondée sur deux catégories primaires : capitalisme et socialisme/communisme.
Oystein Dahle, ancien dirigeant d'Exxon et membre du WorldWatch Institute, disait ainsi « Le socialisme s'est effondré parce qu'il n'a pas laissé le marché dire la vérité économique. Le capitalisme peut s'effondrer parce qu'il ne permet pas au marché de dire la vérité écologique ».

Pour dessiner l'avenir, il est donc nécessaire de faire cheminer notre pensée autrement, de questionner les concepts à partir des réalités présentes, et de s'intéresser aux signaux faibles que nous pouvons déjà observer – qui préfigurent l'économie de demain à l'ère de la rareté. Nous faisons ainsi le choix de commencer ce chapitre par le plus petit niveau d'organisation de notre monde économique, l'entreprise, ou plutôt la « société », un objet familier que nous côtoyons chaque jour en tant que salarié, dirigeant, consommateur, ou, plus rarement, investisseur ou sociétaire.

« La société est instituée par deux ou plusieurs personnes qui conviennent par un contrat d'affecter à une entreprise commune des biens ou leur industrie en vue de partager le bénéfice ou de profiter de l'économie qui pourra en résulter... » (article 1832 du Code civil). La définition de la société en tant qu'organisation économique est relativement récente à l'échelle de l'histoire. Elle interpelle et fait aujourd'hui l'objet de débats, car il est devenu évident qu'elle ne donne d'indication ni sur l'objet social de l'entreprise (son activité, ce qu'elle va produire ou vendre, en quoi ce produit est utile, pertinent, non dangereux, bénéfique aux individus), ni sur les modalités d'opération de l'entreprise (est-ce que ses activités peuvent se dérouler dans les limites physiques de notre planète, c'est-à-dire de manière durable, ou est-ce qu'elle contribue à l'érosion massive du capital naturel ?).

L'absence de ces deux dimensions dans notre cadre législatif et, de fait, dans tout notre système économique et fiscal, est lourde de conséquences : nos entreprises – agricoles, industrielles, de services – se sont développées partout sans que leur apparente profitabilité soit questionnée sur le fond. Les débats d'idées se sont généralement cristallisés sur les formes du capitalisme – quel accès à la détention du capital, quelle exploitation des personnes par les dirigeants, quelles attentes des actionnaires, quel rôle des marchés ? – sans que soit posée la question de l'objet de ces entreprises.

A-t-on besoin d'un capitalisme d'intérêt général ?

Nous avons fait dans ce livre l'hypothèse – appuyée sur de nombreux travaux – que nous sommes entrés à l'échelle planétaire dans l'ère de la rareté. Il y a dès lors urgence à forger des organisations économiques adaptées à cette ère.

Certaines auraient pour fonction de répondre aux besoins vitaux du plus grand nombre en proposant des produits de qualité et abordables ; d'autres assureraient les fonctions de remédiation – faire face aux événements météorologiques extrêmes ; résoudre les difficultés d'approvisionnement en eau potable, alimentation, énergies en tout genre ; soigner les populations – dans un contexte économique et environnemental fortement dégradé, où les risques et les troubles sont importants. Ce sont celles décrites en 2014, après huit ans d'enquête, par le journaliste McKenzie Funk dans Windfall: The Booming Business of Global Warming. L'ouvrage détaille les segments profitables de demain, et les paris gagnants des grands investisseurs et assureurs américains.

Nous pourrions penser que les entreprises contemporaines qui fournissent des aliments, de l'énergie, des logements sont celles qui vont répondre à ces défis de demain. Mais ce raisonnement est probablement inexact, pour deux raisons :

– le biais de départ, lié à la définition même des sociétés : celles-ci cherchent la maximisation du profit pour les associés fondateurs, et s'éloignent d'emblée d'un objectif de durabilité, de frugalité en ressources naturelles en ce qui concerne leur propre production, et surtout de limitation des effets négatifs sur les biens communs naturels et sur le capital humain. De plus, les zones dangereuses ou non profitables ne seront pas desservies par ces sociétés ;

– le fait que chaque époque historique a vu émerger de nouveaux types d'entreprise, de nouveaux modes de développement de ces entreprises, et qu'à quelques exceptions près, la durée de vie des entreprises est de quelques décennies. Nous sommes au tournant d'une reconfiguration d'envergure des entreprises afin que celles-ci puissent agir demain dans un monde radicalement différent de celui que nous connaissons.

Examinons pour nous en convaincre le premier défi. Il s'agit d'assurer les besoins fondamentaux du plus grand nombre de manière durable : se nourrir sainement en équilibre avec les écosystèmes, se loger et se déplacer avec une empreinte environnementale réduite, produire et consommer avec modération des énergies renouvelables, etc. À ces besoins vitaux s'ajoute la capacité à se soigner, à se vêtir, à avoir accès à des objets de la vie quotidienne, ou encore à communiquer. Nous pouvons d'emblée noter qu'il est difficile de placer une limite entre le vital et le désirable, et ouvrir l'épineuse question du droit à tout pour tous, ainsi que celle de la possibilité d'avoir accès à toutes sortes de biens et de services à fort impact environnemental. Aujourd'hui, mis à part certaines substances illicites et quelques tentatives pour réglementer certains domaines – par exemple, la maison construite aux normes réglementation thermique (RT), le lave-linge écologique –, la seule limite mise à la consommation est le pouvoir d'achat individuel, et le temps que chacun peut y consacrer. Cet état de fait conduit les acteurs (entreprises et leurs investisseurs, acheteurs et consommateurs finaux) à rechercher l'innovation, le développement de nouvelles marques, de nouveaux produits, qui paraissent toujours plus désirables mais qui ne répondent guère à la recherche d'une faible empreinte environnementale (d'autant que les éventuelles réductions d'empreinte environnementale sont réduites à néant par une hausse globale de la production et de la consommation et l'émergence de nouveaux segments de produits).

Une économie du « toujours plus »

L'empreinte carbone (émission de gaz à effet de serre) associée au mode de vie du Français moyen continue de s'accroître. Si nos transports deviennent un peu plus verts qu'auparavant, ce n'est pas le cas de ce que nous achetons, notamment les produits électroniques importés : ordinateurs, smartphones, tablettes, écrans plats sont un des principaux postes d'émission de gaz à effet de serre associés à notre consommation. Selon l'édition 2017 de l'étude Ménages et environnement du Commissariat général au développement durable (CGDD), l'empreinte carbone des Français a atteint 10,7 tonnes par habitant en 2016, soit une hausse de 13 % en volume au cours de la période 1995-2016.

L'empreinte carbone calculée par le Service de l'observation et des statistiques (SOeS) représente la quantité de gaz à effet de serre (GES), exprimée en tonnes d'équivalent CO2, émise par les entreprises et les êtres vivants pour satisfaire la consommation française. Cette mesure inclut les gaz à effet de serre (CO2, CH4, N2O, etc.) directement émis par les ménages (chauffage, voitures particulières) ainsi que les émissions provoquées par la fabrication et le transport des biens et des services consommés, qu'ils soient produits dans le pays ou à l'étranger. Cette empreinte permet d'apprécier la pression exercée à l'échelle planétaire sur le climat (bien public mondial) par la population d'un pays donné.

Les grands postes, dans cette empreinte carbone, sont le logement et les transports, chacun pour un quart, puis l'alimentation, la consommation d'autres biens et services (environ 15 % chacun), le reste étant lié à parts égales à l'usage des services de santé, d'éducation et autres services publics, ainsi qu'à l'équipement et l'habillement.

Il faut également noter que les émissions associées aux importations représentent plus de la moitié de l'empreinte carbone des ménages. Sous l'effet de la mondialisation, celles-ci ont progressé de 85 % entre 1995 et 2012. En particulier, notre empreinte carbone liée aux achats de matériel numérique (écrans, tablettes, smartphones) continue à augmenter.

Penser que le duo entreprises-consommateurs va spontanément limiter son impact sur le changement climatique et s'attacher à l'intérêt général est, pour l'instant du moins, une erreur.

Par ailleurs, la plupart des produits de grande consommation, soit directement, soit en amont ou en aval dans la chaîne de fabrication, soit en fin de vie, nuisent à la santé et ont des effets néfastes sur les écosystèmes. L'alimentation des pays développés engendre ainsi son cortège de « maladies de la prospérité » (cancers, obésité, maladies cardiovasculaires) corrélées à une alimentation trop carnée, grasse, sucrée, transformée, et de pathologies en expansion (troubles du spectre de l'autisme, maladies neurodégénératives, troubles de la fertilité). Ces maladies de la prospérité ont, par le nombre de personnes touchées et le coût des soins de santé liés, pris le pas sur les « maladies de la pauvreté » (malnutrition, maladies respiratoires professionnelles ou liées à une vie dans des mégalopoles polluées, maladies liées à l'eau). Cette observation a notamment été faite dans le célèbre rapport Campbell publié en 2005 – en anglais, The China Study – qui retrace le lien entre le régime alimentaire et diverses pathologies aux États-Unis et en Chine au cours des dernières décennies.

Peut-on, dans ces conditions, dire que les entreprises du secteur agricole et alimentaire, dans leur majorité, répondent durablement à nos besoins ? Elles répondent sans doute à certains de nos désirs, et aux attentes de rendement de leurs actionnaires, mais pas au besoin de se nourrir sainement, ni à celui de protéger nos ressources pour demain. Notre propos n'est pas de dire que tout capitalisme est en soi antiécologique, mais de mettre en question les formes qu'il a prises aux XXe et XXIe siècles, dans la mesure où celles-ci ne permettent pas d'assurer la bonne gestion des biens communs naturels.

Si l'on ne peut attendre des sociétés telles qu'elles sont définies par le Code civil et de la masse des consommateurs qu'ils agissent spontanément dans le respect des limites de la nature, pourrait-on au moins définir un capitalisme d'intérêt général ?

Le capitalisme d'intérêt général, oxymore ou chemin d'avenir ?

L'expression peut sembler paradoxale ou mensongère à première vue, voire ressembler à un oxymore aussi puissant que « développement durable ». C'est d'ailleurs le point de vue dominant parmi la sphère associative écologique et les ONG comme Sherpa, WWF ou Greenpeace, qui associent quasi systématiquement le capitalisme aux entreprises multinationales dont la démarche et le fonctionnement ont des effets négatifs pour les populations et l'environnement.

Ainsi, l'association Les Amis de la Terre France décerne-t-elle depuis 2008 les prix Pinocchio du climat aux entreprises multinationales dont les activités affectent directement le climat et les communautés à travers le monde, et à celles dont l'influence, à travers le lobbying, la promotion de fausses solutions et le greenwashing (marketing visant à donner de l'entreprise une image écologique et responsable mensongère) affaiblit et détruit les politiques climatiques et sape les actions sur le changement climatique.

De fait, une grande prudence est nécessaire quant à l'idée même de l'émergence d'un capitalisme d'intérêt général, à sa mise en pratique et aux réalités observées. L'excellence à la fois sociale et environnementale est difficile à atteindre pour toute organisation humaine, a fortiori pour une entreprise qui souhaite mettre sur le marché puis vendre un produit ou un service conforme aux attentes et aux réglementations tout en maximisant son profit.

Cependant, l'entreprise joue un rôle indispensable, celui d'employeur, et une économie durable doit être fondée sur l'existence d'un nombre suffisant d'emplois verts, capables de faire vivre la population active de manière satisfaisante.

C'est sur cette ligne de faille que s'opposent, d'un côté, une frange de militants écologistes profondément anti-entreprises – qui peinent à préciser comment l'on pourra vivre, quel travail on aura demain – et, de l'autre, les chantres d'une économie du progrès, toujours en pleine croissance, qui tenterait néanmoins de limiter ses effets négatifs sur l'environnement.

Une troisième voie se dessine au centre, qui entend forger un capitalisme d'intérêt général.

Les économistes, dirigeants et hommes politiques commencent en effet, outre-Atlantique et en Europe, à utiliser de nombreux termes qui peuvent sembler des synonymes, à l'échelle conceptuelle (pensée économique) ou à celle des organisations et entreprises : common good capitalism, économie du bien commun (Jean Tirole), économie bienveillante (Clara Gaymard), économie positive (concept initialement posé par Maximilien Rouer et désormais mis en avant par Jacques Attali avec le LH Forum du Havre), économie bleue (Gunter Pauli), public benefit corporation, B corp, entreprise de mission, entreprise sociale...

Posons les caractéristiques et les limites d'un capitalisme d'intérêt général, pour ensuite tenter de démêler, parmi tous ces termes, le vrai du faux(-semblant).

Une activité économique de bon sens et durable pourrait être décrite comme une activité qui répond à un besoin fondamental, a un impact social et environnemental neutre ou positif sur les différentes parties concernées (collaborateurs, clients, fournisseurs, territoire...), et dont le mode de création et de gouvernance permet un usage et un partage des bénéfices mûrement réfléchi, plutôt que l'accroissement des inégalités.

En France, c'est précisément le cadre posé par la loi no 2014-856 du 31 juillet 2014 relative à l'économie sociale et solidaire qui a formalisé une nouvelle façon d'entreprendre, à travers trois piliers :

– un but poursuivi autre que le seul partage des bénéfices ;

– une gouvernance démocratique, définie et organisée par les statuts, prévoyant l'information et la participation des associés, des salariés et des parties prenantes aux réalisations de l'entreprise, dont l'expression n'est pas seulement liée à leur apport en capital ou au montant de leur contribution financière ;

– une gestion spécifique des bénéfices et des réserves.

Dans la pratique, on observe deux écueils. Le premier est que, à ce jour, les entreprises sociales en France sont majoritairement centrées sur la prise en charge de l'urgence sociale ou de défis sociaux : insertion, réduction des inégalités, assistance aux plus faibles ou démunis… et très peu sur des métiers clés pour demain (approvisionnement alimentaire et énergétique durable, logement vert, etc.). Elles ont souvent choisi de faire de l'activité verte un support d'insertion (prévention des déchets pour Emmaüs, maraîchage « bio » pour le réseau Cocagne), ou de développer des modèles alternatifs purs, coopératifs et résolument militants (Enercoop). Si leurs règles de fonctionnement semblent prometteuses dans l'absolu, elles ont de fait pour l'instant peu concurrencé le monde de l'économie conventionnelle (au sens de l'économie dominante – dont se distingue l'économie sociale et solidaire définie par la loi Économie sociale et solidaire de 2014) pour s'adresser aux besoins du plus grand nombre (alimentation, énergie, mobilité), soit par centrage sur leur ADN purement social, soit parce qu'elles ont compris que la concurrence était rude et que les règles du marché étaient biaisées, tant que les effets externes négatifs des produits dominants n'étaient pas taxés ou que ces produits n'étaient pas tout simplement interdits.

Le panorama 2017 du Pôle interministériel de prospective et d'anticipation des mutations économiques (PIPAME) recense et analyse les acteurs de l'économie sociale et solidaire présents sur les circuits alimentaires courts, l'écoconstruction et l'économie circulaire. Il en ressort qu'une soixantaine d'acteurs (gros et très petits) sont sur ces trois secteurs, que leurs taux de croissance sont encourageants, mais que les obstacles à un développement plus large sont encore nombreux.

Le second écueil, c'est que le statut ne fait pas la vertu. De nombreuses structures de l'économie sociale et solidaire ont un statut de coopérative. Ce statut n'est ni un garde-fou assurant une meilleure gestion, ni une assurance que la coopérative sert l'intérêt général. Nous pouvons penser, par exemple, aux très grandes coopératives agricoles ou de distribution qui ont acquis des positions dominantes dans le secteur de la production agricole industrielle chimique ou qui ont conquis plus de la moitié des parts de marché pour les achats alimentaires des Français. Les intérêts des coopérateurs peuvent être à l'exact opposé des intérêts de la population.

Force est donc de constater que ni la loi ni le choix d'autres statuts ne suffisent et ne suffiront à assurer l'existence d'organisations susceptibles d'être rangées à coup sûr dans la catégorie du capitalisme d'intérêt général. La présence de ce cadre légal est néanmoins un levier pour l'émergence d'une vague d'entreprises sociales écologiques, qui expérimentent activement de nouveaux modes de gouvernance, de financement, de production et de commercialisation.

Ces entreprises sont regroupées en France sous la bannière Green Social Business. Voici un exemple emprunté à leur site internet (http://www.entreprisesocialeecologique.org/) et au livre Choisir son monde. Agir au quotidien avec les entreprises sociales écologiques de Jean-Marc Borello et Hélène Le Teno, paru en 2017.

Macoretz est une entreprise inspirante dans le secteur du bâtiment, à la fois par son modèle de coopérative (c'est une société coopérative et participative, scop) et par l'innovation sociale et produit dont elle a fait preuve. Fondée en 1986, elle compte 190 salariés, dont 110 sociétaires (le sociétariat est basé sur le volontariat). Elle réalise des constructions de logements individuels et collectifs, maçonnés et en bois, ce qui est atypique pour le marché français. Aujourd'hui, Macoretz bois représente 40 % du chiffre d'affaires de l'entreprise, composé pour un tiers de constructions d'extensions, pour un tiers de logements collectifs et pour un dernier tiers de maisons individuelles (ces dernières constituent un marché de niche).

L'entreprise mène une réflexion constante pour permettre à chacun de trouver sa place et de se développer : près de 4 % de la masse salariale est consacrée à la formation ; les apprentis représentent 16 % des effectifs ; les écarts de salaire sont plafonnés de 1 à 4. Enfin, pour aller plus loin, l'entreprise travaille avec des sociologues afin de comprendre pourquoi la moitié des salariés de la production (ceux qui sont sur les chantiers) ne sont pas tentés par le sociétariat.

Un virage mondial prometteur ou dangereux ?

D'un point de vue historique, l'évolution du modèle de l'entreprise et le fait qu'elle doit répondre à de nouveaux défis sont une évidence et une nécessité.

Au cours des vingt dernières années, de nombreux grands groupes ont cherché à répondre aux besoins vitaux du plus grand nombre (eau potable, salubrité, alimentation, énergies) avec une approche dite « BOP » (Bottom of Pyramid), destinée à proposer des produits adaptés accessibles aux moins favorisés, en créant de nouveaux segments d'activité profitables. C'est le cas d'Unilever, de Danone, de Coca-Cola, de S.C. Johnson et de bien d'autres. Même si ces nouveaux segments sont parfois lucratifs, les retours d'expérience font état de plusieurs impasses : le coût unitaire du développement ou de la commercialisation de ces produits est trop élevé, leur mise sur le marché déstabilise les habitudes locales, les sites de production ont des effets négatifs (épuisement de nappes phréatiques, par exemple).

Après le BOP, ces grands groupes internationaux tentent désormais de réaliser leur transformation pour s'adapter à l'ère de la rareté. En avril 2017, Danone annonce que sa nouvelle filiale aux États-Unis, DanoneWave, sera une Public Benefit Corporation (statut d'une entreprise aux États-Unis, dans lequel peut être inscrit un objectif de défense d'un intérêt matériel public relatif à la société et à l'environnement), ce qui répond aux attentes des actionnaires et des autres parties prenantes, et qu'elle sera certifiée B corp d'ici 2020. En pratique, les produits devront être les plus simples possibles, sans OGM, fabriqués avec un nombre réduit d'ingrédients tous naturels.

Le progrès sur la composition des produits sera peut-être réel, mais l'idée que l'on puisse répondre aux besoins du plus grand nombre par des organisations économiques à portée mondiale

– de très grande taille, avec des schémas industriels massifiés, des fournisseurs et/ou clients très lointains – pose question. En effet, l'étude des systèmes efficients inspirés de la nature, comme dans la permaculture, considère que les systèmes de petite taille adaptés aux contextes locaux et maillés entre eux sont beaucoup plus efficaces que les systèmes pyramidaux de grande taille. Par ailleurs, l'accroissement des inégalités liées à la concentration de la rente du capital se poursuit, et recèle des risques sociaux élevés.

La grande multinationale contient par principe des inefficiences. Les organisations de demain plus efficaces et durables pourraient être des entreprises sociales locales en réseau, sur le modèle des réseaux Bou'Sol, Biocoop ou Cocagne, ou encore des entreprises familiales comme Galapagos (pâtes « bio » Alpina, céréales et biscuits « bio » Le moulin du Pivert, biscuiterie premium Loc Maria), qui savent penser le temps long plutôt que les seuls résultats trimestriels ou annuels.

Il est délicat de parier aujourd'hui sur le type d'entreprise qui fleurira demain, et ce, d'autant plus que la révolution numérique affecte l'ensemble des fonctions de l'entreprise et la gestion de ses liens avec tous ses contacts extérieurs : clients, fournisseurs, financeurs, candidats à recruter, voisins...

Il est désormais possible de lancer puis de financer des entreprises avec des cryptomonnaies, monnaies numériques virtuelles valables sur des marchés parallèles. Des spécialistes de la blockchain comme Pierre Paperon considèrent que cette révolution va permettre un apport massif de capitaux, un mouvement de recapitalisation qui conduira au renforcement et à la création de nouvelles entreprises, et donc offrira la possibilité de transformer encore plus notre environnement (pas forcément pour le régénérer, mais sans doute pour en tirer le profit le plus rapide possible !). L'entreprise peut également se financer via le financement participatif, soit par le biais de citoyens en quête de projets ayant du sens, soit dans un mode plus spéculatif : là encore, l'outil numérique peut indifféremment donner un coup d'accélérateur aux entreprises à impact positif ou aux plus prédatrices.

Enfin, les entreprises qui réussiront à toucher le consommateur là où il se trouve – sur l'internet – auront encore un temps un avantage compétitif majeur. Les entreprises proposant des produits très écologiques hésitent souvent à sauter le pas d'un marketing internet agressif (et coûteux), et leur clientèle reste par conséquent réduite aux convaincus.

Vers une révolution juridique, comptable, fiscale et monétaire ?

Entrer dans un nouvel âge du capitalisme d'intérêt général suppose plusieurs changements et évolutions.

Il faudrait d'abord une redéfinition ambitieuse de la société (telle que définie dans le Code civil), qui privilégierait désormais la vision de l'économie sociale et solidaire (recherche de l'impact positif en premier lieu, viabilité économique comme un moyen, partage des revenus du capital et des bénéfices adapté), plutôt que celle de l'entreprise de mission (appelée à rester pendant de nombreuses années encore dans une logique de prédation), qui s'inscrit dans la continuité d'un siècle de capitalisme extractif et rend difficile le développement d'entreprises sociales écologiques.

Il faudrait ensuite une refonte des règles comptables internationales (IFRS) et nationales pour prendre en compte les dépenses liées à la préservation du capital naturel et social, et évaluer la création de bénéfices réels (redistribuables et imposables) uniquement lorsque les dépenses de préservation de ces deux capitaux ont été effectuées.

Des mesures techniques, fiscales et réglementaires adaptées devraient être élaborées, telles que la mise en place de bonus/malus fiscaux pour les entreprises à impact positif ou génératrices de forts effets externes : rémunération pour maintien des services écosystémiques – définis dans le premier chapitre comme les services rendus gratuitement par les écosystèmes (en agriculture notamment), écofiscalité, exonération d'impôts pour investissement dans le capital naturel, schémas de transmission d'entreprise avantageux en cas de transition écologique et sociale de l'entreprise…

La participation des citoyens au capital des organisations productives pourrait être mise en place (participation en tant que sociétaire, coopérateur, investisseur ou prêteur via l'internet).

Un cadre favorable pour l'investissement dans les entreprises à impact positif pourrait être développé, en favorisant l'apport de capitaux et le renforcement en fonds propres des sociétés écologiques.

La mutation du droit européen et international est également nécessaire. On pourrait envisager la création dans le premier du droit opposable à un environnement sain pour tous, et la transcription dans le droit international de la notion d'écocide, permettant de poursuivre pénalement les responsables (voir à ce sujet l'ouvrage de la juriste Valérie Cabanes paru en 2016, *Un nouveau droit pour la Terre. Pour en finir avec l'écocide*).

On pourrait travailler le levier de la monnaie verte. Depuis des siècles, nous savons que « battre monnaie » (à l'effigie du seigneur, roi ou empereur du pays...) et faire tourner la « planche à billets » sont des actions structurantes pour l'économie. Il s'agit d'un droit régalien, et si la création et la régulation monétaire constituent un domaine technique très régulé, c'est également un espace d'innovation possible – par des monnaies complémentaires dédiées à la transition écologique, par des monnaies virtuelles représentant des unités de comptes vertes (exemple des SolarCoin fondés sur des kilowattheures d'énergies renouvelables financés), ou encore par une création monétaire fléchée au soutien à l'économie verdissante.

L'idée d'un quantitative easing vert au niveau européen est défendue notamment par l'économiste Alain Grandjean. Le moyen pratique employé par la banque centrale dans ce cas est de racheter massivement des titres financiers, ce qui gonfle son bilan et son passif, et de fait, crée de la masse monétaire. Il s'agirait dès lors d'orienter directement la monnaie de la Banque centrale européenne (BCE) vers la dépense d'investissement, moteur essentiel de l'activité à long terme, sous réserve que cette dépense soit pertinente sur le plan des engagements climatiques et, plus généralement, respectueuse, voire réparatrice, des écosystèmes. Concrètement, la BCE pourrait garantir des émissions de titres de banques publiques européennes et assurer la liquidité de ces titres sur les marchés financiers. Les ressources ainsi mobilisées seraient intégralement investies dans les domaines clés de la transition énergétique et écologique. Elles seraient affectées à un plan massif de logements neufs performants, à la rénovation énergétique des bâtiments publics, au désendettement des agriculteurs en transition vers un modèle agronomique durable, à l'accompagnement de la fermeture des centrales au charbon, à l'accroissement de la production d'énergies décarbonées, à un ambitieux programme de stockage de l'énergie et de captage du CO_2, à la réhabilitation des infrastructures, à la modernisation du fret ferroviaire, etc. Pour favoriser l'échange et l'adhésion à ces nouvelles pistes, il semble que les médias et un enseignement scolaire et universitaire holistique devraient choisir de fournir les éléments d'analyse sur les organisations économiques passées, actuelles et futures et sur leurs liens avec les milieux naturels dans lesquels nous vivons.

Un tel programme de transformation de l'économie vers un capitalisme d'intérêt général est à la fois particulièrement ambitieux – mondial, multiscalaire et exigeant, et donc probablement peu réaliste à court terme – et totalement insuffisant.

Si l'on s'appuie sur les travaux de recherche en analyse des systèmes de Donella Meadows (notamment son article « Places to Intervene in a System » paru en 1997 dans la revue Whole Earth Review), il existe une douzaine de leviers pour intervenir dans un système, leviers qui pourraient être saisis pour forger une économie verte.

Ceux qui sont habituellement saisis (règles : normes, sanctions, incitations), notamment à travers les politiques publiques, sont parmi les moins efficaces. Le levier le plus efficace pour faire basculer notre système socio-économique serait un changement de paradigme, appuyé sur une nouvelle vision de notre avenir à tous – en équilibre avec la nature. En clair, une mutation culturelle profonde, assortie d'un projet de politique économique ambitieux, innovant, adapté à l'ère de la rareté.

5.La voie politique

L'écologie, si l'on s'en tient à sa définition la plus simple – la connaissance de notre maison commune – est-elle un facteur qui sera pris en compte, voire déterminant, dans l'horizon politique ? Cette question fait débat. Tant parce que, comme il a été dit au début de ce livre, l'histoire des pays et des sociétés s'est forgée le plus souvent en extrayant massivement les ressources naturelles pour mener bataille et assurer une sécurité ou une prospérité matérielle croissante, que parce que la conquête et l'exercice du pouvoir peuvent devenir rapidement aveugles aux enjeux de long terme.

« Et puisque la Politique se sert des autres sciences pratiques et qu'en outre elle légifère sur ce qu'il faut faire et sur ce dont il faut s'abstenir, la fin de cette science englobera les fins des autres sciences ; d'où il résulte que la fin de la Politique sera le bien proprement humain. Même si, en effet, il y a identité entre le bien de l'individu et celui de la cité, de toute façon c'est une tâche manifestement plus importante et plus parfaite d'appréhender et de sauvegarder le bien de la cité : car le bien est assurément aimable même pour un individu isolé, mais il est plus beau et plus divin appliqué à une nation ou à des cités ». (Aristote, Éthique à Nicomaque, I)

Si, comme le fait Aristote, on définit le bien comme la finalité de la politique, il est aisé de mesurer le grand écart entre un idéal politique fort et la réalité du gouvernement de nos sociétés. À l'aune de la pratique, le politique reste le plus souvent enfermé dans ses étages les plus bas – le politikè : les luttes de pouvoir, la conquête et le maintien au pouvoir d'un parti, lequel peut avoir oublié de définir des valeurs et un projet. Beaucoup plus rarement, et souvent en période de révolution, s'impose la politeia, un changement profond qui passe par la réécriture des règles et d'une constitution.

Vouloir le bien et tout faire pour ne pas y arriver

Le bien est par essence une notion difficile à définir : s'agit-il du bien conforme aux règles morales du temps présent ? de la satisfaction matérielle des besoins et des envies de citoyens en vie ? de la poursuite d'une transcendance ? d'organisations humaines parfaitement conçues ? S'agit-il de poursuivre un idéal d'intérêt général avec constance, sans être influencé par les intérêts particuliers ? ou encore de prendre soin de la terre et des hommes, et de toutes les formes de vie passionnantes et précieuses déployées sur notre planète ?

Quelle que soit la définition retenue, le monde politique échoue régulièrement à prendre en compte le long terme, les limites physiques à nos activités, et à définir concrètement de nouvelles règles de jeu pour notre vie sur terre, même lorsqu'il en affiche l'intention.

En voici deux exemples concrets :

– L'écueil des négociations internationales pour le climat, qui aboutissent à des accords juridiquement non contraignants, et n'entravent que fort peu la poursuite de la hausse des émissions mondiales de gaz à effet de serre.

– La faiblesse (voire l'effondrement) de l'écologie politique et sa faible représentation ; son incapacité à peser vraiment dans toutes les décisions structurantes en termes de politiques publiques nationale et supranationale.

Concernant le premier exemple, les raisons de l'échec sont multiples. Si, en apparence, les négociations se sont concentrées sur les inégalités historiques et économiques entre les pays du Nord et les pays du Sud, sur le « droit à émettre des gaz à effet de serre » de chaque pays pour assurer un développement et une prospérité pour tous, et sur le fait de savoir qui paie le coût d'une transition vers une économie faible en carbone, l'idée de départ – une gouvernance mondiale du climat fondée sur le multilatéralisme – était probablement en soi inefficace.

Selon Jean-François Noubel, la taille optimale des groupes humains permettant de se sentir inclus, de discuter de manière constructive, de décider et d'agir efficacement, est en effet nécessairement réduite à quelques personnes. Nous serions incapables de travailler efficacement lorsque nous sommes en trop grand nombre. De fait, lors des conférences sur le climat réunissant plus de cent pays, les négociations n'avancent guère. Il est en revanche possible de faire quelques avancées avec un petit sous-groupe de quelques pays. Cela a été le cas à Copenhague en 2009. Ce groupe a rédigé une feuille de route et a établi un consensus a minima, mais cela n'a débouché sur aucun accord juridiquement contraignant.

De la même manière, le multilatéralisme est vraisemblablement un des facteurs qui embourbent l'Union européenne aujourd'hui, et ce qui fonde le développement d'une vague de « minilatéralismes » (coopérations engageant entre deux et une dizaine d'États). Ceux-ci consistent à réunir un nombre adéquat et réduit de pays en vue de résoudre un problème particulier dans diverses thématiques et sur divers théâtres.

Il ne s'agit pas, évidemment, d'arrêter tout échange (d'informations, de bonnes pratiques) entre les pays, mais on doit noter qu'une gouvernance mondiale ou européenne relative aux défis écologiques semble délicate dans ce cadre. Ce constat fait écho aux travaux précédemment cités d'Elinor Ostrom sur la nécessaire gouvernance locale des biens communs.

Concernant le deuxième point – la faible présence et la relative efficacité de partis politiques identifiés comme écologistes –, on l'observe en Europe et ailleurs. L'attention se tourne souvent vers l'Allemagne, qui est à la fois le berceau du concept d'écologie et le pays où les verts ont acquis le poids le plus visible, du moins en termes de représentation.

Focus - Les verts en Europe : des résultats en berne ?

Les statistiques récentes donnent une indication du poids des verts (partis affiliés aux European Greens) dans les différents pays. En fixant comme date de comparaison mai 2017, on observe que le courant vert a obtenu lors des derniers suffrages plus de 12 % des votes en Autriche, environ 10 % en Allemagne et au Bénélux ainsi qu'en Finlande, et de l'ordre de 5 % et moins dans tous les autres pays.

Malgré plusieurs décennies de présence sur l'échiquier politique (1980 pour Die Grünen, 1984 pour Les Verts, devenus Europe Écologie les Verts, EELV), les partis écologistes restent très minoritaires. Ils n'ont bénéficié en termes de votes ni de la fragilisation de certains partis dominants ni des signaux forts de la crise écologique (événements météorologiques extrêmes vécus un peu partout en Europe par exemple).

Une analyse assez fine des motifs de leur genèse est présentée dans la thèse d'Athina Pilianidou, Environmental Consciousness, Institutional Factors, and Political Competition: an Empirical Analysis of Green Party Formation in 18 Western European Countries. Ce travail de recherche, appuyé notamment sur le baromètre « World Values Survey », vise à corréler l'émergence des partis et leurs scores à des facteurs clés : une conscience environnementale forte des citoyens (avec des valeurs postmatérialistes), l'existence d'un régime proportionnel ou majoritaire, le nombre et la polarisation plus ou moins forte des partis en place. Si les facteurs caractérisant l'univers politique de chaque pays jouent un rôle significatif, le motif premier qui explique les réalités observées d'un pays à l'autre est le niveau de conscience environnementale. Si les scores des partis verts restent faibles, c'est que la majorité de la population ne place pas les enjeux écologiques au premier plan.

Les résultats aux élections européennes de 2019, présentés comme une belle surprise et grande avancée pour EELV en France, sont à moduler pour deux motifs. Le premier est le taux d'abstention assez élevé partout en Europe (aux environs de 50%), et il est bien délicat de préjuger préférences des abstentionnistes. Le second est l'efficience de la représentation de partis écologiques au Parlement européen (ayant augmenté de près de 20 sièges, mais restant à moins de 10% du total de sièges) pour peser suffisamment et contribuer à inscrire les réflexions et les positions de tous les parlementaires dans les limites planétaires.

L'irruption récente de nouveaux mouvements et partis dans de nombreux pays européens laisse penser que les citoyens peuvent, en quelques mois, changer massivement leurs votes. Mais la mutation à réaliser ici est autant – sinon plus – idéologique que politique : au-delà des partis et de l'accès au pouvoir des verts, qui peinent à rassembler, il faudrait accomplir la conquête des esprits et proposer un projet de société inclusif, inspirant (société écologique ou non).

Pendant que certains gouvernements ou certains partis tentent d'orienter la société et son modèle économique dans une direction plus viable, tenant compte des écosystèmes dans lesquels nous nous trouvons, d'autres courants politiques, gouvernements, partis, pays, placent la finalité dans le bien immédiat, associé à la liberté – notamment le libre choix de chacun –, et ce, quelles qu'en soient les conséquences. Le schéma nord-américain est ainsi assis sur deux piliers :
– La responsabilité sociale politique : les hommes politiques sont responsables des règles formelles et de l'intérêt général (ce qui suppose que l'échelon mondial ou national est le bon niveau pour poser des règles), mais pas des comportements des autres acteurs (entreprises, individus) ; ils conviennent de plus que « le mode de vie américain n'est pas négociable » (George Bush Sr, 1992).
– La responsabilité sociale des individus : les individus sont responsables de leurs comportements (ils trient leur poubelle), mais pas de la société de consommation prônée par les entreprises et les politiques ;

Un tel mode de pensée binaire conduit malheureusement, comme nous l'avons vu, à une impasse collective et à une absence de gestion des biens communs naturels. Ses racines sont profondes. Alexis de Tocqueville semblait déjà considérer, dans la première moitié du XIXe siècle, que l'Américain était utilitariste, matérialiste, et dans les faits, ni économe en ressources ni enclin à un quelconque sentiment (empathique ou poétique) envers la nature : « Je conviendrai aisément que les Américains n'ont point de poètes ; je ne saurais admettre de même qu'ils n'ont point d'idées poétiques. On s'occupe beaucoup en Europe des déserts de l'Amérique, mais les Américains eux-mêmes n'y songent guère. Les merveilles de la nature inanimée les trouvent insensibles et ils n'aperçoivent pour ainsi dire les admirables forêts qui les environnent qu'au moment où elles tombent sous leurs coups. Leur œil est rempli d'un autre spectacle. Le peuple américain se voit marcher lui-même à travers ces déserts, desséchant les marais, redressant les fleuves, peuplant la solitude et domptant la nature. » (De la démocratie en Amérique)

Il est frappant de constater aujourd'hui la grande faiblesse de l'écologie politique aux États-Unis. Le candidat du Green Party américain Ralph Nader avait fait sensation en 2000 en obtenant 2,7 % des votes lors de l'élection présidentielle, mais le score de cette tendance politique est retombé à 1 % en 2016.

Certains diront que les sujets écologiques peuvent et doivent être portés au sein des programmes des partis dominants ; mais l'on peut regretter que, justement, ces sujets soient trop peu étudiés et mis au centre d'un débat toujours polarisé sur les questions sociales ou économiques intérieures à court terme, et sur les enjeux de politique internationale.

Si l'on pense à d'autres grands pays tels que le Brésil, la Russie, l'Inde, la Chine, on voit que la priorité donnée à la croissance économique et au renforcement du positionnement international les conduit à privilégier l'extraction de ressources (sur le sol national et ailleurs) plutôt que la préservation du capital naturel. Ces pays sont bien souvent les premiers à en payer directement les conséquences environnementales et sanitaires et, par suite, économiques.

Rares sont les grands pays (en termes de surface ou de population) qui font de la préservation du capital naturel le pilier stratégique de leur nation. De plus, les réalités ne sont pas nécessairement en phase avec l'intention proclamée.

Certains petits pays sont de fait plus avancés en la matière, mais leurs modèles sont imparfaits et peu transposables. Le Costa Rica est souvent mis en avant. Le président (de 1986 à 1990 et de 2006 à 2010) et prix Nobel Óscar Arias Sánchez a déclaré la « paix à la nature » il y a plus de vingt ans, et le pays aux cinq millions d'habitants est de fait atypique à plusieurs titres. Avec 25 % de sa superficie réservés à des parcs nationaux et des réserves écologiques, et une agriculture relativement qualitative, la biodiversité y est exceptionnelle (6 % de la biodiversité mondiale s'y trouverait, pour un pays qui ne représente que 0,03 % des surfaces émergées du globe). Le secteur de l'écotourisme a dépassé celui des exportations de banane et de café – ce qui n'est d'ailleurs pas sans poser la question de l'empreinte environnementale du tourisme international. Les plantations de café sont en revanche fragilisées par le changement climatique, même si des actions sont menées pour développer l'agroforesterie et tenter de maintenir la production locale, et les perspectives de revenus liés à l'exportation deviennent moins favorables. Enfin, la pauvreté, quoique moindre par rapport à certains pays voisins, affecte plus de 20 % de la population.

Faire entrer l'écologie en politique est compliqué, tant la structure pyramidale de nos démocraties a relégué le sujet des ressources communes loin des priorités affichées. Cela le restera tant que l'aspiration première sera la liberté, entendue comme le droit à tout pour tous, et que nous n'aurons pas le désir d'habiter ensemble sur la planète.

Vers un projet politique consensuel de société écologique ?

L'ouvrage récent (2017) de Serge Audier, La société écologique et ses ennemis. Pour une histoire alternative de l'émancipation présente une analyse approfondie des causes de rejet ou de faiblesse de l'écologie politique. « Sauf à se payer de mots ou se bercer d'illusions la "révolution" n'est pas pour demain. Ces nouvelles batailles en faveur des "biens communs", malgré leur succès relatif et l'immense littérature qu'elles suscitent, restent le plus souvent minoritaires et fragmentaires. » Et encore : « Au prophétisme on peut préférer l'examen sobre des "possibles" mais aussi la réflexion sur ce qui continue de bloquer l'émergence ou l'affirmation de tels possibles. »

Serge Audier rappelle en outre que, contrairement aux termes « écologie » et « écologie politique », le concept de « société écologique » est apparu tardivement, dans les années 1970, et n'a jamais pu percer réellement dans la sphère des idées et de la politique.

Il a notamment été porté par Michel Jurdant et Murray Bookchin. En 1977, Michel Jurdant précise la notion devant l'assemblée du Québec : « À travers cette socialisation de la nature, c'est une société écologique ou écosociété qu'il faut viser. Une société où les hommes auront appris à consommer collectivement, une société où la nature et les outils seront au service de la collectivité, une société régulée par le rythme de la nature, une société à technologie douce, une société décentralisée ayant appris les valeurs du terroir, de la région, du quartier, une société démographiquement stable, une société où les valeurs immatérielles auront définitivement pris le pas sur les valeurs matérielles, et surtout une société fondée sur le respect de la personne humaine. »

Murray Bookchin écrivait quant à lui, en 1974, dans Pour une société écologique : « Une société qui rétablisse l'équilibre entre le monde humain et naturel [...], une société écologique qui devra commencer par ôter le bandeau des yeux de la Justice, et substituer à l'inégalité entre égaux l'égalité entre inégaux. Une harmonie ne s'établira dans nos relations avec le milieu naturel que si l'harmonie règne dans la société ».

Ces définitions portent en elle une utopie et une radicalité (égalitariste, anarcho-communiste ou communautaire), ce qui explique leur rejet par les systèmes installés ou émergents dans la deuxième moitié du XXe siècle, y compris et même particulièrement par la gauche s'affichant comme progressiste.

Serge Audier ne s'arrête toutefois pas à cette première explication de radicalité. Il remonte le temps idéologique et politique jusqu'au XIXe siècle et propose d'autres causes profondes au rejet de la société écologique.

La première est liée à la conception et à l'idéalisation de la nature dans l'Allemagne nazie (fondées à la fois sur la notion de terre, de sol, de mère patrie, de force vitale, et sur le socle du romantisme allemand), qui ont été rejetées avec tout ce qui a trait à cette Allemagne nazie par ceux qui en furent les victimes, au profit d'un rationalisme scientifique, confiant dans la technique, et d'une défense d'un humain pensant, libre, au-dessus de la nature. Serge Audier cite tout particulièrement Karl Popper à ce sujet.

La seconde est que la société écologique, par sa dimension locale appuyée sur un capital social très fort, s'oppose en totalité ou en partie à la notion de « société ouverte » – notion contenue dans le titre de l'ouvrage de Popper paru en 1945, La société ouverte et ses ennemis. Audier rappelle la façon dont Popper présente ces deux types de société, en citant cet auteur : « La société close est une société magique, tribale, à la fois holiste (primat du tout sur les parties) et organiciste (subordonnant les individus). Les sociétés ouvertes, elles, "reconnaissent la légitimité du pluralisme des valeurs et des opinions [...]. Pluralisme, individualisme et rationalisme critique vont de pair. Ils impliquent aussi, sur le plan des relations internationales, une ouverture mutuelle des communautés, contrairement au nationalisme." »

Ce qui frappe à la lecture de ces analyses, c'est que les idéologues, politologues, intellectuels, débattent entre eux pour savoir quel cap politique serait le plus désirable, au nom de la grandeur de l'esprit humain, en opposition à des idéologies nauséabondes de régimes passés, puis, le plus souvent, cherchent à l'imposer à la masse. Cette domination mentale, en phase avec la domination économique (par concentration de la rente et des pouvoirs économiques et financiers, et par domination d'un modèle de capitalisme extractif non encore épuisé), devrait nous un questionner.

Elle nous conduit en tout cas aujourd'hui à poursuivre notre chemin dans l'anthropocène, avec des modes de vie non durables, sans possibilité de tester sur le terrain des projets concrets de modes de vie écologiques – ces projets étant rapidement étiquetés idéologiquement comme des actes de repli dans une société obligatoirement ouverte.

Perspectives

À l'ère de la rareté, les difficultés sociales sont et seront en augmentation : pauvreté avec son cortège de conséquences sur la santé, l'éducation ou la capacité à s'épanouir, exclusion, conflits...

La plupart des pays actifs dans notre économie mondialisée continuent la course à la performance et à la compétitivité, contribuant à l'effondrement des écosystèmes.

Dès lors, l'urgence sociale et l'urgence environnementale sont aujourd'hui au même niveau.

Pour y répondre, les États du Nord auront probablement deux chemins ouverts devant eux. Le premier : confier aux acteurs économiques dominants et installés la (lourde) charge de gérer tant bien que mal cette urgence auprès de populations moins solvables, d'accueillir des vagues de migrants environnementaux (migrations liées à la sécheresse, aux épidémies, etc.), et de restaurer au moins partiellement le capital naturel. Le second : réformer en profondeur les pays et leurs institutions, pour redonner aux habitants le pouvoir d'agir et leur permettre de mettre en œuvre ou de participer à des initiatives locales de résilience.

Le premier modèle, très pyramidal, est dans la continuité des dernières décennies. Le second est à la fois un modèle du passé et du futur. Du passé, car il s'appuie sur la dynamisation de communautés humaines à petite échelle, la mobilisation de leur intelligence collective face aux défis du quotidien ; du futur, car il peut profiter des nouvelles compétences de l'Homo numericus appliquées aux biens communs humains (savoir) et financiers (octroi de crédits) : partage de savoirs à travers la planète en un clic, mise en réseau de petits groupes locaux, relations horizontales de pair à pair, économie du partage via l'internet, finance participative au plus près des projets. Ce modèle peut aussi se fonder sur une nouvelle économie sociale écologique, telle qu'elle a été décrite dans les pages précédentes.

L'émergence de nouveaux mouvements pour notre avenir commun

Selon les observations de Dominique Méda dans l'ouvrage Faut-il attendre la croissance ? (2016), la voie politique pure, selon les règles du jeu actuel, ne peut pas mener à une société écologique : de nouveaux mouvements sociaux puissants sont nécessaires pour redonner un cap d'intérêt général à l'action publique et aux institutions. « L'enjeu est […] de montrer comment le traitement de la crise climatique peut [...] constituer une opportunité extraordinaire d'avancer sur la question de l'emploi et du travail, ainsi que sur celle des inégalités. Seule la constitution d'une véritable alliance entre salariés, consommateurs et associations écologistes autour d'une cause commune, et tout particulièrement autour de la qualité (de l'emploi et des produits), est susceptible d'être porteuse des profonds changements exigés par la situation. » Dominique Méda cite deux mouvements à titre d'exemples : la Spring Alliance, qui s'était constituée à l'échelle européenne et avait avancé de nombreuses propositions après la crise de 2008, et le groupe One Million Climate Jobs, réunissant des syndicalistes et des associations écologistes. Ces deux mouvements n'ont cependant pas provoqué de changement de paradigme politique afin de placer la question des limites physiques et du partage au centre des débats et des décisions. De fait, les mouvements sociaux sont sans doute nécessaires mais insuffisants pour refonder un processeur politique cohérent et compatible avec l'ère de la rareté, et pour accéder au pouvoir à ses différents échelons.

L'univers politique semble prendre le chemin de la ploutocratie, particulièrement étayé par les travaux de Julia Cagé, économiste et auteur de l'ouvrage « Le prix de la démocratie ».

Parmi les initiatives les plus récentes, le mouvement politique émergent des Scarabées est un signal (certes faible), parmi d'autres en Europe, d'un futur possible, et une expérience grandeur nature de la possibilité d'emprunter une autre voie politique pour favoriser le déploiement d'une société écologique. Ce mouvement est caractérisé par :

– des acteurs politiques qui ne se cherchent pas nécessairement élire de prime abord et qui ne forgent pas d'alliance pour conquérir des sièges, mais qui accélèrent en premier lieu les projets de transition dans les territoires, en prise avec les besoins quotidiens de tous ;

– la mise à distance des débats idéologiques et des guerres de pouvoir locales et nationales, qui font perdre du temps ;

– une organisation holomidale et non pyramidale, associée à l'absence de carriérisme politicien ;

– la mise des biens communs et de leur gouvernance au centre du débat ;

– la volonté de fonder, en France, une VIe République, jugée nécessaire.

Même si l'on s'accorde sur l'urgence qu'il y a à développer une société écologique, le deuxième chemin, celui des initiatives locales, prometteur et potentiellement efficient, recèle lui aussi des fragilités. On peut en distinguer trois importantes :

– la voie du local fait peur ou déplaît aux dirigeants installés. Elle est perçue comme une déconcentration des pouvoirs, une reterritorialisation qui les affaiblit, alors que, de fait, elle pourrait les aider en créant des richesses locales durables que le système exsangue n'arrive plus à créer ;

– la transformation de la gestion du partage (du pouvoir, des richesses) et la mutation d'un modèle pyramidal qui concentre puis gère une certaine redistribution vers les populations locales sont ardues. Un nouveau partage passe par une volonté d'abandonner la compétition entre territoires et entre pays, de favoriser la coopération locale, de reconsidérer les liens entre le Nord et le Sud, et de reconnaître que le modèle extractif et destructeur du Nord ne peut et ne doit pas être déployé au Sud. C'est un pari difficile à tenir dans une période où la pression démographique continue à augmenter ;

– le numérique, aujourd'hui, n'est pas indépendant du système marchand ; il ne l'est pas non plus du pouvoir. Les recettes des moteurs de recherche sont principalement des recettes publicitaires. Les géants de l'Internet interviennent dans tous les aspects de notre vie, et ils sont loin de pouvoir se réclamer d'un capitalisme d'intérêt général.

En somme, pour la réussite de ce second chemin, il faudrait construire une alliance entre de grands acteurs du numérique dotés d'un supplément d'humanité – ils seront probablement les principales forces économiques de demain, aux côtés des acteurs de la production agricole et énergétique –, et des mouvements sociaux et politiques émergents. Cette alliance n'est pas encore établie et ne le sera peut-être jamais si la majorité de la population ne formule pas clairement le désir de forger une société écologique.

CONCLUSION

Est-il possible de « faire société » alors que nous sommes toujours plus nombreux sur une seule planète ? Aura-t-on la capacité, demain, d'intégrer dans nos systèmes politiques et économiques une réelle compréhension de notre maison commune ? L'écologie et la (re)découverte du vivant seront-elles une source d'inspiration – un modèle – pour construire une société d'avenir ?

À la question posée dans le titre de cet ouvrage, nous serions tentés de répondre que l'écologie, dans sa définition la plus simple, ne peut suffire à inspirer, à forger et à déployer un nouveau modèle de société viable, équitable et désirable.
La lucidité croissante des individus et des organisations sur l'état fortement dégradé des écosystèmes ne semble pour l'instant pas infléchir notre trajectoire dans l'anthropocène. Les savoirs et les visions de l'écologue et du biologiste sont systématiquement écartés des prises de décision individuelles et collectives.

Nous avons longuement décrit les puissants verrous psychologiques, organisationnels, économiques et politiques qui nous maintiennent encore et toujours dans l'âge du capitalisme extractif. Les nouvelles révolutions technologiques – chimique, génétique, numérique – s'additionnent aux précédentes sans nous affranchir de l'usage des énergies fossiles et autres matières premières non renouvelables, ni nous outiller pour restaurer le capital naturel et social.

De l'écologie à la mésologie

Parmi les penseurs d'une nouvelle écologie, la journaliste scientifique Dorothée Browaeys préfère employer le terme de « mésologie », science du lien entre l'humain et son milieu, à la fois naturel et culturel – le milieu étant largement subjectif, lié à des perceptions personnelles et à des représentations collectives. Les humains étant désormais majoritairement urbains, la déconnexion entre l'homme et la nature est très forte, mais il lui reste les interactions avec un milieu.

Apparu à la fin du XIXe siècle, ce terme de mésologie s'est peu diffusé, car il suppose une réflexion réellement holistique, à portée philosophique. Dorothée Browaeys nous invite ainsi à nous interroger sur le rôle et sur l'impact des technologies, et sur notre capacité collective à développer des tech for life pertinentes à l'ère de la rareté.

C'est pourquoi, pour aller au-delà d'une vision technicienne, scientifique ou philosophique, nous avons évoqué en introduction la permaculture. C'est un concept polysémique, dont l'un des buts est la mise au point de systèmes abondants, équilibrés, bio-inspirés, qui prennent soin de la terre et des hommes. La permaculture appliquée permet d'expérimenter de nouveaux modes d'organisation en société à des échelons locaux et pourrait ouvrir une voie prometteuse.

De nouvelles pistes à explorer ?

Au-delà des leviers concrets de transition écologique présentés dans cet ouvrage, plusieurs autres font débat. Moins consensuels et moins étudiés, ils pourraient néanmoins nous permettre de nous aventurer pour de bon sur le chemin d'une société écologique.

Le premier est suggéré par Pascale d'Erm dans son ouvrage *Sœurs en écologie* (2017). S'appuyant sur de nombreux exemples historiques, en Europe et partout dans le monde, évitant tout manichéisme, l'auteure suggère que la sororité, la mise en avant et la meilleure représentation des femmes est une clé nécessaire à un changement d'époque. Pourquoi ? Parce que les femmes ont des préoccupations souvent pragmatiques, en particulier dans les pays du Sud où elles doivent assurer la subsistance et la santé de leurs proches, parce qu'elles ont une façon différente d'entreprendre et de coopérer, parce qu'elles sont partout dans le monde – souvent en raison de leur statut inférieur et de leur type d'activité – les premières victimes économiques du changement climatique, et parce qu'elles ont peut-être la capacité d'imaginer ou de déployer une société qui prend soin du vivant dans toutes ses dimensions.

Le deuxième est celui de l'enseignement et de l'éducation. Repenser l'enseignement dès l'enfance et jusqu'aux enseignements pratiques ou supérieurs serait une nécessité. En France, plus de 20 000 étudiants ont signé en 2018 un manifeste étudiant pour un réveil écologique. Le changement se fait très timidement tant dans les programmes que dans les méthodes d'apprentissage, et les formations ne sont que très marginalement orientées vers des débouchés dans une économie écologique. Un dilemme apparaît : faut-il tenter de faire bouger le système de l'intérieur – avec Impact Campus par exemple –, ou bien forger un nouveau système ? L'augmentation du nombre d'écoles alternatives pour tous les âges est un signal de cette inadéquation entre les attentes, les besoins et les institutions en place. Citons par exemple le Schumacher College au Royaume-Uni lié au mouvement des territoires en transition, ou encore la création récente du Campus de la transition par un groupe piloté par Cécile Renouard. Ce campus inscrit au cœur de l'enseignement la question de l'éthique, il ambitionne de donner les clés de compréhension et les clés pratiques pour forger ou participer à un nouveau système économique viable, équitable, durable, plutôt que d'être aspiré par le système actuellement dominant. Gageons aussi que l'intelligence du cœur sera une aptitude clé pour préserver notre humanité des maux extérieurs et d'elle-même.

Le troisième levier envisageable serait de rebattre mondialement les cartes de la richesse et du patrimoine individuel, de la rémunération du travail, du partage et de la redistribution, via l'émergence de cryptomonnaies écologiques et solidaires et donc de transactions de pair à pair au sein de sociétés où l'individu ne chercherait pas à gagner plus pour consommer plus, mais à avoir accès à l'alimentation, à la santé et à l'usage de biens courants en échange d'actions de préservation du capital naturel et social et d'activités productives à impact minimal sur le capital naturel.

Laissons le mot de la fin à Saul Bellow, qui, dans son roman Herzog paru en 1964, trouvait des mots percutants pour décrire le modèle de société suicidaire que nous avons déployé – et qu'il nous faudrait sans doute refonder de toute urgence :

« Notre civilisation est une civilisation bourgeoise. Je n'emploie pas ce terme dans son sens marxiste […]. Dans le vocabulaire de l'art moderne et de la religion d'aujourd'hui il est bourgeois de considérer que l'univers a été créé pour que nous l'utilisions en toute sécurité et pour nous donner confort, bien-être et soutien. La lumière voyage à trois cent mille kilomètres par seconde pour que nous puissions voir pour nous peigner les cheveux ou pour lire dans le journal que le jambonneau est moins cher qu'hier. Tocqueville considérait le mouvement vers le bien-être comme une des plus fortes tendances d'une société démocratique. On ne peut le blâmer d'avoir sous-estimé les forces destructrices engendrées par cette même tendance ».

POST-SCRIPTUM

Paris, Mars 2020 – Le présent ouvrage était voué à paraitre en août 2019 édité par une maison d'édition publique. La marche de l'histoire semble en avoir décidé autrement.

A la mesure de la faillite politique, intellectuelle, éthique et spirituelle de notre époque, surgit cette citation : « S'il est vrai que les déserts extérieurs se multiplient dans notre monde, parce que les déserts intérieurs sont devenus très grands, la crise écologique est un appel à une profonde conversion intérieure. »

Merci à tous ceux pleins de lucidité, de bonne volonté et d'humanité avec qui j'ai pu échanger, travailler, mener des projets : ils sont les meilleurs témoins qu'une (r)évolution en douceur est possible.
Alain, Sophie, Denis, Fabrice, Laurence, Caroline et tant d'autres se seront reconnus au fil des pages.